Richard Ehrenberg

Der Handel - seine wirtschaftliche Bedeutung,

seine nationalen Pflichten und sein Verhältnis zum Staate

Richard Ehrenberg

Der Handel - seine wirtschaftliche Bedeutung,
seine nationalen Pflichten und sein Verhältnis zum Staate

ISBN/EAN: 9783743499706

Hergestellt in Europa, USA, Kanada, Australien, Japan

Cover: Foto ©Suzi / pixelio.de

Weitere Bücher finden Sie auf **www.hansebooks.com**

Der Handel.

Seine wirtschaftliche Bedeutung, seine nationalen Pflichten und sein Verhältnis zum Staate.

Von

Dr. Richard Ehrenberg.

—❦—

Jena

Verlag von Gustav Fischer

1897.

Vorwort.

Im Auftrage der Oberschulbehörde zu Hamburg habe ich im November 1896 vier Vorträge gehalten „Ueber die volkswirtschaftliche Bedeutung des Handels", zu welchem Zwecke ich eine Studie, die seit langen Jahren unter meinen halbfertigen Arbeiten lag, und die ich schon wieder= holt hervorgeholt hatte, um daran zu bessern, endlich zum Abschluß gebracht habe. Diese Vorträge habe ich seit November nochmals durchgearbeitet und übergebe sie jetzt, unter Beibehaltung der Vortragsform und der Hamburger Lokalfarbe, einer weiteren Oeffentlichkeit. Es ist wohl ein etwas ungewöhnliches Verfahren, neue wissenschaftliche Theorien zusammen mit Erörterungen aus der Praxis in solcher Gestalt zu veröffentlichen. Ich habe dieses Verfahren gewählt, um den Handelstand zum eigenen Nachdenken über die von mir behandelten wich= tigen Probleme anzuregen, und würde mich ungemein freuen, wenn der eine oder andere Mann der Praxis durch meine Ausführungen sich veranlaßt sähe, sich mir gegenüber oder auf andere Weise, mündlich oder schrift= lich über den Inhalt dieser Veröffentlichung zu äußern: Jede sachkundige Kritik wird mir willkommen sein.

Altona, im Januar 1897.

Richard Ehrenberg.

Inhalt.

I.
Geſchichtliches.

Verehrte Anweſende! Nicht ohne leiſes Bangen
ſtehe ich vor der Aufgabe, mich mit Ihnen unter=
halten zu ſollen über die volkswirtſchaftliche Bedeu=
tung des Handels, und gewiß iſt es ein eigenartiges
Unternehmen, in der Handelsmetropole unſeres deutſchen
Vaterlandes über dieſes Thema eine Reihe von Vorträgen
zu halten. Iſt denn überhaupt dafür ein ſolcher Aufwand
an Worten erforderlich, zumal in Hamburg, wo uns un=
ausgeſetzt der lebendige Strom des Welthandels umſpült?
Und iſt es nicht ferner auch ein ſehr kühnes Unternehmen,
über dieſes Thema zu einer Verſammlung zu ſprechen,
von der jedenfalls ein großer Teil viel mehr von der
Praxis des Handels verſteht als der Redner?

Ja, in der That, es iſt ein eigenartiges, ein ver=
meſſenes und doch ein zeitgemäßes, ein notwendiges
Unternehmen. Nicht als ob ich mir einredete, alles, was
ich Ihnen zu ſagen habe, ſei den meiſten der hier An=
weſenden etwas Neues. Ich weiß im Gegenteil nur zu
genau, daß ich meinerſeits von Ihnen noch viel lernen
kann, und an Bereitwilligkeit dazu fehlt es mir wahr=
lich nicht. Nicht belehren will ich in erſter Linie, ſondern
anregen, zum Nachdenken anregen über naheliegende,

wichtige Dinge, die Ihnen so geläufig sind, daß Sie es
gar nicht einmal für nötig halten, darüber nachzudenken,
und die doch für weite Volkskreise, gebildete wie unge=
bildete, ein völlig a n d e r e s Ausjehen haben, die diesen
Volkskreisen keineswegs als selbstverständlich und not=
wendig, sondern als fremd, fragwürdig, bedenklich, wohl
gar als gefährlich erscheinen. Zwischen diesen beiden An=
schauungen giebt es scheinbar gar keine Möglichkeit der
Verständigung; und doch ist eine solche Verständigung
nötig, da es sich um wichtigste Fragen unserer Wohlfahrt
handelt. Die Verständigung kann aber nur erfolgen,
wenn man die Fragen nicht isolirt vom Standpunkte der
einen oder der anderen Partei betrachtet, sondern wenn
man sie in einen breiteren und tieferen Zusammenhang
versetzt, wenn man sich daran gewöhnt, diese wie alle
anderen ähnlichen Fragen von einem h ö h e r e n Stand=
punkte aus zu beurteilen, von dem der Gesamtheit, welche
man als „V o l k s w i r t s c h a f t" zu bezeichnen pflegt,
wenn man ferner die Fragen nicht bloß in ihrer augen=
blicklichen Erscheinung betrachtet, sondern wenn man sie
durchleuchtet mit dem Lichte der geschichtlichen Erfah=
rung; denn es giebt in der That nichts Neues unter der
Sonne; jede, auch die scheinbar neueste, unerhörteste
Frage ist schon oftmals dagewesen: nur ihre Form und
die Gestalt der umgebenden Verhältnisse haben sich ge=
wandelt.

Es ist die Aufgabe der W i s s e n s c h a f t, in dem schein=
bar unübersehbaren Gedränge der verschiedenartigsten
wirklichen Erscheinungen das W e s e n t l i c h e, das Ge=
meinsame wie das Trennende, zu ermitteln, die bisher
gemachten Erfahrungen festzustellen, zu sichten, von dem
zufälligen Beiwerk zu reinigen, die Probleme des Lebens
auf a l l e n ihren mannigfaltigen Seiten bloßzulegen und

zu erhellen, unbeeinflußt von Tagesmeinungen und Tagesströmungen das Wesen der Dinge hervortreten zu lassen.

Das ist keine graue Theorie, sondern konzentrirte, gereinigte, für den weiteren Kulturfortschritt brauchbar gemachte Praxis. Ich setze dabei voraus, daß die Wissenschaft wirklich wissenschaftlich, d. h. ohne Vorurteile, zu Werke geht. Es giebt freilich eine Afterwissenschaft, die auf einem einzigen als wahr angenommenen, aber that= sächlich falschem Satze ein ganzes ungeheures Gebäude theoretisch richtiger Lehrsätze aufbaut, die aber troß ihrer logischen Richtigkeit mit dem Leben im Widerspruch stehen. Wir werden nachher selbst einige solcher Systeme als abschreckende Beispiele kennen lernen.

Hier wollen wir anders zu Werke gehen; wir wollen die uns umgebenden Dinge ruhig ins Auge fassen, sie mit den früheren und mit anderen gegenwärtigen Zu= ständen nüchtern vergleichen, und daraus wollen wir dann unsere Schlußfolgerungen ziehen.

So beginnen wir denn gleich mit der täglichen Wahr= nehmung, daß die volkswirtschaftliche Bedeutung des Handels in Deutschland gegenwärtig eine umstrittene Frage bildet, und daß diese vielfach in einem dem Handel ungünstigen Sinne entschieden zu werden pflegt. Es giebt ganze Parteien, die dem Handel feindlich gesonnen sind. Die Unproduktivität des sog. „Zwischenhandels" bildet das stehende Thema einer ganzen Masse von Druckerzeug= nissen. Und wie könnte das anders sein, wenn selbst die deutsche Volkswirtschaftslehre noch regelmäßig den Handel von der Produktion sondert! Ist es unter solchen Um= ständen zu verwundern, wenn auch unsere Staatsgewalten seit geraumer Zeit fruchtbar sind an Maßnahmen, welche den Handel beschränken und schädigen?

1*

Diese große Strömung hat für diejenigen, welche im
täglichen Getriebe des Handels stehen, etwas Unbegreif=
liches; ganz unerhört erscheint es ihnen, daß ihre harte,
redliche Arbeit, die so oft als wohlthätig, als völkerver=
bindend, als ein mächtiges Werkzeug der Kultur ge=
priesen ist, ihre Arbeit, welche dem Staate die größten
Einnahmequellen zuführt, welche den Absatz aller Er=
zeugnisse von Landwirtschaft und Industrie ermöglicht,
daß diese Arbeit auf einmal als verderblich gilt und auf
allen Wegen beschränkt wird! Aber diese Unbegreiflichkeit
verschwindet sofort, wenn man einen Blick in die Ge=
schichte thut; denn vielfach schon haben die Anschauungen
über den Wert des Handels geschwankt und stets wuchsen
sie hervor aus einem tiefen Untergrunde, nämlich einer=
seits aus dem Wesen des Handels, wie es in der betr.
Zeit sich darstellte, andererseits aus dem Wesen und aus
den Gesamtanschauungen der weiteren Umgebung, welche
beiden Momente sich stets auch gegenseitig bestimmt haben.
Selbstverständlich kann dies hier nur an einigen Haupt=
beispielen gezeigt werden.

Beginnen wir bei den alten Hellenen und Rö=
mern, so begegnen wir hier einer grundsätzlichen Ab=
neigung gegen den Handel, die ursprünglich jedenfalls
eine nationale Eigenschaft gewesen sein muß; diese An=
schauung tritt schon bei Homer zu Tage, wo z. B. selbst
der ränkevolle Odysseus, als man ihn bei den Phäaken
für einen Kaufmann hält, darüber tief entrüstet ist.
Später errang sich zwar der Großhandel in der Praxis
eine geachtete Stellung, wie denn in Griechenland selbst
bedeutende Gelehrte (z. B. Thales, Hippokrates und Plato)
und in Rom später namentlich viele Angehörige des Rit=
terstandes Seehandel trieben: auch rühmt Plato an
einigen Stellen den Kaufmann als Wohlthäter; aber an=

dererseits spricht sich Aristoteles gegen den berufsmäßigen Handel um des Erwerbs willen aus, den er, im Gegensatze zu dem einfachen Tauschhandel mit notwendigen Gütern, als etwas Unnatürliches bezeichnet; und Cicero sagt vom Kleinhandel, er sei ein niedriges Gewerbe, vom Großhandel nur, er sei nicht völlig tadelnswert, von den Kaufleuten im allgemeinen, ihr ganzer Gewinn entstamme dem Betruge.

Das Ideal der Hellenen und auch der Römer war eben ein schönes und gutes Leben im Dienste der Ge= samtheit, des Staates; deshalb erschien ihnen die Ar= beit um des Erwerbs willen überhaupt als etwas Un= würdiges. Der Handel vollends, ursprünglich eng ver= quickt mit Seeraub, der Handel, dessen wichtigster Zweig vermutlich lange Zeit der Sklavenhandel war, der Handel, bei dem in den früheren Zeiten jedes Mittel der Ueberlistung angewendet wurde, mußte den Staatsmännern, Staatsgelehrten und Kriegern von Hellas und Rom als etwas schlechthin Niedriges er= scheinen. Als in späterer Zeit sich ein Großhandel ent= wickelte, der einen anderen Charakter hatte, wandelten sich auch die Anschauungen; doch kam es nicht zu einer grundsätzlichen Legitimirung des Handels.

Ganz ähnlich entwickelten sich die Dinge im Mittel= alter. Wie das Ideal der Hellenen ein gutes und schönes Leben im Dienste der Gesamtheit gewesen war, so war das Ideal des christlichen Mittelalters ein Leben im Dienste Gottes, ein Leben, das nur der Vorberei= tung für das Jenseits gewidmet war. Der Ackerbau galt als diejenige Art der Erwerbsarbeit, bei der am wenig= sten Gelegenheit zur Sünde vorhanden war. Der Handel dagegen wurde allgemein als die sittlich gefährlichste Erwerbsart betrachtet. Christus hatte ja die Wechsler

und Händler aus dem Tempel gewiesen. Der heilige
Thomas von Aquino, der große Meister der kirchlichen
Wissenschaft, eifert gegen die habgierigen Geschäftsleute,
von denen er sagt, sie schwebten in unausgesetzter Gefahr,
ihr Seelenheil zu verlieren. Das war die Anschauung
der mächtigen Kirche.

Ihr Einfluß vereinigte sich merkwürdigerweise mit
dem einer anderen, scheinbar ganz entgegengesetzten Anschauung, nämlich der uralten germanischen Denkweise, die wir kurz als ritterliche bezeichnen wollen.
Die Germanen besaßen von jeher eine tiefwurzelnde Vor-
liebe für die Waffe: Krieg und Jagd waren in der Urzeit fast ihre einzige, später noch lange ihre liebste Beschäftigung. Die einzige friedliche Erwerbsart, die dem
freien Kriegsmann anstand, war der Ertrag des Bodens,
den ihm in späterer Zeit der Kriegsherr zu seinem Unter-
halte anwies, und den die Hörigen bearbeiteten. Der
Handel dagegen war eine völlig unritterliche Beschäftigung.

Solche kirchlich-adeligen Anschauungen haben mindestens bis zu den Kreuzzügen das Leben der europäischen
Völker beherrscht. Erst diese großen, hauptsächlich religiös-
ritterlichen Unternehmungen haben aufs mächtigste eine
Entwickelung befördert, welche schließlich jene Anschauungen des größten Teiles ihres Einflusses beraubt hat;
sie läßt sich im weitesten Sinne als die Entwickelung der
bürgerlichen Kultur bezeichnen.

Der Bürgerstand entwickelt sich bei jedem Volke erst,
wenn Handel und Gewerbe freie Berufsarbeiten werden;
auf diesen Vorgang wird später zurückzukommen sein;
genug, im Leben der europäischen Kulturvölker nahm er
zwar längst vor den Kreuzzügen seinen Anfang; aber erst
der gewaltige Aufschwung, den Handel und Gewerbe den
Kreuzzügen verdankten, hat dem Bürgerstand so viel

Reichtum und Macht verliehen, daß er fähig war, das ganze Wesen und die Anschauungen der europäischen Kulturwelt entscheidend zu beeinflussen, und zwar geschah dies erst seit Ausgang des Mittelalters, also Jahrhunderte nach Beendigung der Kreuzzüge.

Diese Jahrhunderte, die zwischen den Kreuzzügen und dem Ende des Mittelalters liegen, waren die Blütezeit der mittelalterlichen Städte, insbesondere derjenigen Italiens, Süddeutschlands, Südfrankreichs und Cishpaniens mit allen ihren zahlreichen Kolonien, andererseits auch der niederdeutschen Städte, für welche die Ostsee eine ähnliche Rolle gespielt hat, wie das Mittelmeer für jene große Gruppe südeuropäischer Emporien.

Die mittelalterlichen Städte waren in dieser ihrer Blütezeit vor allem Märkte; der Handelsstand bildete den eigentlichen Kern, den wichtigsten und vornehmsten Teil der städtischen Bevölkerung; das neue städtische Recht, das Stadtrecht, war überwiegend ein Marktrecht, ein Recht der Kaufleute. Diese haben ursprünglich wohl in allen Städten die städtische Selbstverwaltung, den Stadtrat mit seinen Organen gebildet und ihre Herrschaft in vielen Städten, wenn auch später unter heftigen Kämpfen gegen die Handwerkerzünfte, mehr oder weniger bis zum Ende des Mittelalters und darüber hinaus behauptet.

Es versteht sich von selbst, daß in solchen Gemeinschaften, wie es die mittelalterlichen Städte waren, der Handel nicht eine verachtete, sondern eine höchst geachtete Thätigkeit war.

Diese bürgerliche Anschauung von der Bedeutung des Handels lief also derjenigen der Kirche und des Adels schnurstracks entgegen. Sie blieb schon im Mittelalter auch außerhalb der Städte nicht ganz ohne Einfluß; aber zwei Momente verhinderten es namentlich, daß ihr

Einfluß damals schon entscheidende Bedeutung erlangte: erstens das natürliche Schwergewicht der altüberkommenen Anschauungen von Klerus und Adel, solange die mittelalterlichen Aufgaben dieser beiden mächtigen Stände noch nicht völlig erfüllt waren, und zweitens die weitgehende politische Selbständigkeit der mittelalterlichen Städte. Die Freiheit der Städte war eine notwendige Grundlage ihrer Blüte; aber andererseits hatte sie eine Abschließung von dem übrigen Lande zur Folge, die es lange Zeit verhinderte, daß letzteres von der bürgerlichen Kultur überflutet und beherrscht wurde.

Das änderte sich erst, seitdem die Fürsten aus Stadt und Land einheitliche Staaten zu bilden begannen.

Den Fürsten, die im Mittelalter nur Großgrundbesitzer mit eng begrenzten Herrschaftsrechten gewesen waren, gelang es, diese Rechte nach und nach, namentlich seit dem Ende des Mittelalters, derart zu erweitern, daß sie schließlich das ganze Gebiet der neuzeitlichen Staatsgewalt umfaßten. Zu dem Zwecke mußten sie die Rechte der Stände, also des Adels, des Klerus und des Bürgerstandes einschränken oder vielmehr größtenteils vernichten. Aber indem sie dies thaten, machten sie sich auch die Kräfte der Stände dienstbar: so bildeten sie aus dem Adel ihren Hof und das Offizierkorps ihrer Heere, die protestantischen Fürsten machten sich selbst zum Haupte ihrer Landeskirche, und auch die katholischen gewannen bedeutende Macht über den Klerus ihres Landes. Alle Fürsten benutzten das Geld der Städter für ihre zerrütteten Finanzen, alle bildeten aus Abligen und Bürgern ein dem Fürsten gehorsames Beamtentum, alle endlich machten sich für ihre Politik und Verwaltung, namentlich auf wirtschaftlichem Gebiete, die Erfahrungen der Städte zu nutze; indes geschah letzteres in sehr verschiedenem Maße und mit sehr verschiedenem Erfolge; einige Beispiele werden das am besten zeigen.

Den vollkommensten Typus des modernen Großstaates, der alle Stände umfaßt, in dem aber die bürgerliche Weltanschauung überwiegenden Einfluß erlangt hat, haben wir in England zu erblicken, das durch diese seine Natur ein Weltreich geworden ist. Das entgegengesetzte Bild zeigt Spanien, wo die kirchlich-ritterliche Weltanschauung des Mittelalters über die des Bürgerstandes gesiegt hat; daraus ist die Vernichtung des Reiches, in dem die Sonne nicht unterging, unmittelbar hervorgegangen. In der Mitte zwischen diesen beiden Typen steht Preußen, wo weder die kirchlich-ritterliche, noch die bürgerliche Weltanschauung gesiegt hat, sondern ein über ihnen stehender specifischer Staatsgeist, dessen Inhalt unter der Bezeichnung „öffentliches Interesse" bekannt ist[1]. Bei allem bedenklichen Mißbrauche, der mit diesem Begriffe getrieben wird, kommt doch dasjenige, was man darunter zu verstehen hat, dem eigentlichen Kern- und Zielpunkte der ganzen modernen Staatenbildung am nächsten, nämlich dem Zwecke einer Zusammenfassung der Kräfte aller Stände im gemeinsamen Interesse; aber nicht diese ideale Anschauung war es, die in Europa nach Ausgang des Mittelalters zunächst die Staatenbildung beherrschte, sondern jene Begründung des Staatswohles auf dem Gedeihen des Bürgerstandes, wie sie am vollkommensten in England gelungen ist.

Hieraus ist zuerst dasjenige hervorgegangen; was die Nationalökonomen „Merkantilismus" nennen. Das

---

1) Vorhanden sind aber die besiegten Weltanschauungen noch bis zum heutigen Tage, und bald die eine, bald die andere erlangt unter günstigen Verhältnissen noch jetzt großen Einfluß.

war ein Komplex von politischen Maximen, welche darauf
hinausliefen, durch Förderung von Gewerbe und Handel
die Einnahmen der Fürsten zu steigern und überhaupt
Geld ins Land zu ziehen. Aus der glänzenden Entwickelung der Städte schöpfte man den Grundsatz, daß
durch die gleichen Mittel auch die Staaten groß und
mächtig werden müßten. Der Bürgerstand selbst war es
vor allem, der diese Anschauung vertrat, und ein englischer
Kaufmann namens Thomas Mun war es, der ihr den
vollkommensten litterarischen Ausdruck gegeben hat in
einer 1664 zuerst erschienenen Schrift, welche den be-
zeichnenden Titel führt: „Englands Schatzkammer ist der
auswärtige Handel" („Englands treasure by foreign trade").
Mun's Schrift schließt mit den Worten: „Der auswärtige
Handel ist die große Einkommensquelle des Königs, die
Ehre des Königreiches, der vornehme Beruf des Kaufmanns, die Schule unserer Künste und Gewerbe, das
Mittel zur Befriedigung unserer Bedürfnisse, zur Beschäftigung unserer Armen, zur höheren Nutzbarmachung
unserer Ländereien, die Pflanzschule unseres Seemanns-
standes, die Schutzwehr des Reiches, der Nerv unserer
Kriege, der Schrecken unserer Feinde."

Der ganze Merkantilismus ließe sich in den Satz zusammenfassen, den schon eine englische Schrift des 15. Jahrhunderts, das berühmte „Libell of Englishe Policye" enthielt: „Ist der Kaufmann reich, so ist es das ganze Land",
wobei freilich als „Kaufmann" nur derjenige gemeint war,
der es fertig brachte, daß das Land möglichst viel Waren
an das Ausland verkaufte. Dieser Exporthandel genoß
eine Wertschätzung, die nicht mehr überboten werden
konnte: er wurde auf jede Weise gepflegt, während man
dem Importhandel, soweit er nicht Rohmaterialien für
die Industrie einführte, alle erdenklichen Schwierigkeiten

bereitete und sich um den inländischen Handel überhaupt
nicht kümmerte. Aber auch der Handelsstand im ganzen
gewann jedenfalls ganz außerordentlich an sozialer und
politischer Geltung; ja, man darf sagen, daß es keine Zeit
gegeben hat, in welcher der Handelsstand so angesehen
war, wie das 16. Jahrhundert; ich erinnere nur an die
weltgeschichtliche Stellung der Fugger und Welser, der
großen Florentiner und Genueser Geldfürsten, eines
Thomas Gresham und anderer. Freilich hat es auch
keine Zeit gegeben, in welcher der Handelsstand so viele
bedeutende und vornehme Erscheinungen enthielt, so viele
Männer, welche die Pflichten des Reichtums erkannten
und erfüllten; die Ursache dieser Entwickelung zu unter=
suchen wäre eine dankbare Aufgabe, der wir uns aber
leider hier nicht widmen können. Genug, es war ein
Höhepunkt auch in der inneren Entwickelung des Handels=
standes.

Die nächste Schwankung in der Wertschätzung des
Handels knüpft sich an das sogenannte „Physiokratische
System". Dies war lediglich eine Reaktion gegen den
Merkantilismus. Letzterer hatte in Frankreich unter der
gewaltigen Führung des großen Colbert einseitig die
städtischen Interessen gefördert, die ländlichen dagegen ver=
nachlässigt. Als vollends nach Colbert wieder eine
Periode gewissenloser Mißwirtschaft in Frankreich begann,
geriet der überbürdete französische Bauernstand in die
traurigste Verfassung.

Dies führte in Gemeinschaft mit anderen, hier nicht
zu erörternden Umständen zu jener theoretischen Ver=
urteilung des Merkantilismus, welche als „Agrikultur=
system" oder „Physiokratisches System" bekannt ist. Es
beruht auf der Anschauung, daß nur der Landbau wirt=
schaftlich produktiv sei, während Gewerbe und Handels=

stand ganz ausdrücklich als unproduktiv, als die „sterile
Klasse" bezeichnet werden. Dem altenglischen Grundsatze:
„Ist der Kaufmann reich, so ist es das ganze Land", setzten
die Physiokraten das Wort entgegen:

Paavre paysan, pauvre royaume.

Pauvre royaume, pauvre roi,

auf Deutsch: „Hat der Bauer Geld, hat's die ganze Welt".
Der Handel dagegen, so behaupteten die Physiokraten,
bringt nur die schon vorhandenen Güter aus einer Hand
in die andere; was er gewinnt, verliert die ausschließlich
produktive Klasse der Landbauer.

Erhebliche praktische Bedeutung hat dieses System
damals direkt nicht erlangt, wohl aber indirekt, indem es
die französische Revolution vorbereiten half, und indem
es ferner zum ersten Male, im Gegensatze zu dem alles
regulirenden Merkantilismus, die Forderung nach wirtschaftlicher Freiheit aufstellte, den berühmten Grundsatz: „Laissez faire et laissez passer, le monde va de lui-même".
Jene Agrarier des vorigen Jahrhunderts hatten eben
unter den Eingriffen der Gesetzgebung so schwer zu leiden
gehabt, daß sie es für notwendig hielten, alle Volkswirt-
schaftspolitik abzuschaffen. Aber zu weitreichender Geltung
ist dieser Grundsatz doch erst gelangt, als ein größerer
Geist ihn sich zu eigen machte und zugleich die Einseitig-
keiten der physiokratischen Lehre ausmerzte. Sie kennen
ihn alle, den Vater der modernen Nationalökonomie, den
schottischen Philosophen Adam Smith.

Historisch betrachtet, muß die Lehre des Adam Smith
in erster Linie auch als eine Reaktion gegen den Merkantilismus bezeichnet werden. Indem er an die Spitze
seines Werkes den Satz stellte, daß die Arbeit es ist, der
jede Nation die Befriedigung ihrer wirtschaftlichen Bedürfnisse verdankt, die Arbeit schlechthin, nicht der aus-

wärtige Handel, wollte er der übermäßigen Bevorzugung dieser einzelnen Art von Arbeit entgegenwirken; aber ebenso frei hielt er sich von der einseitigen Anpreisung des Ackerbaues, und dem Handel überhaupt war er sehr freundlich gesinnt, ja man darf sagen, daß sein System nur auf dem Boden eines Handelsstaates erwachsen konnte. Auch Adam Smith unterscheidet übrigens zwischen produktiver und unproduktiver Arbeit; als wirtschaftlich unproduktiv bezeichnet er nicht nur die Thätigkeit von Opernsängern, Ballettänzern u. dergl., sondern auch die der Staatsmänner, Aerzte, Geistlichen, Lehrer ꝛc. Gegen diese Ansicht des Adam Smith haben die späteren Nationalökonomen vielfach mit Recht polemisirt; am bekanntesten ist das Wort unseres List, daß es ein Unsinn sei, die Erziehung von Menschen als unproduktiv, die Erziehung von Schweinen dagegen als produktiv zu bezeichnen; man hat dann unterschieden zwischen mittelbarer und unmittelbarer Produktion. Aber die ganze Lehre von der Produktivität der Arbeit befindet sich wie so vieles andere in unserer Wissenschaft noch in einem außerordentlich unfertigen Zustande. Man hat sogar Rückschritte gemacht. Während Adam Smith keinen Zweifel darüber ließ, daß er den Handel als in hohem Grade produktiv erachtete, haben die späteren Nationalökonomen dies zum Teil wieder in Abrede gestellt, oder sie sind um die ganze Frage vorsichtig herumgegangen.

Am größten ist der Rückschritt bei den Sozialisten und zwar auch vorzugsweise bei den sogenannten „wissenschaftlichen" Sozialisten, als deren besten Kopf wir Carl Marx anzusehen haben.

Die Sozialisten erklären bekanntlich mit Adam Smith die menschliche Arbeit als die Quelle alles Reichtums; ihr eigenes System beginnt erst mit der Behauptung, daß die Produktivität der Arbeit abhängt von der für sie durchschnittlich nötigen Arbeitszeit. Die Formel ist sehr einfach: A arbeitet 1 Stunde, B 2 Stunden, also hat B doppelt soviel produziert wie A. Mit anderen Worten: es wird nicht unterschieden zwischen Qualitäten der Arbeit, sondern alles wird reduziert auf den rohen Maßstab der einfachsten Handarbeit ungelernter Arbeiter. Damit wird diese als die einzige produktive Arbeit hingestellt; die Sozialisten sagen das nicht ausdrücklich; sie thun sogar alles mögliche, um diesen ihren Grundirrtum zu verdecken; aber es folgt mit unbedingter Notwendigkeit aus ihrem Systeme: wenn die Produktivität der Arbeit von Werner Siemens oder Edison mit demselben Maßstabe der durchschnittlich für sie notwendigen Arbeitszeit gemessen wird, wie die Arbeit eines Steinklopfers, so ist offenbar die Arbeit, welche jene großen Erfinder in einer Stunde leisten, nicht produktiver als die Arbeit, welche der Stein= klopfer in einer Stunde leistet.

Die Arbeit des Kaufmannes muß natürlich bei einer solchen Anschauungsweise schlecht wegkommen, und zwar noch weit schlechter als selbst die höchste technische Leistung des Landwirtes oder des Industriellen; für diese wäre auch im sozialistischen Zukunftsstaate noch ein Bedürfnis vorhanden, nicht aber für die Arbeit des Kauf= mannes, die lediglich mittels eines großen mechanischen Apparates, einer gigantischen Staatsbuchhaltung, geleistet werden müßte: Jeder Produzent hätte sein Folio im Pro= duktionsbuche des Staates, wo täglich seine Arbeitszeit ihm gutgeschrieben und dagegen die von ihm aus den Staatsmagazinen entnommenen Lebensmittel 2c. belastet werden müßten. Die Leiter der staatlichen Produktion würden aus den Nachweisen der Statistik den durchschnitt= lichen Bedarf jedes Bezirks und jedes Ortes an allen wirtschaftlichen Gütern ersehen und dafür sorgen müssen, daß stets überall ein ausreichender Vorrat auf Lager wäre. Man sieht, hier wäre die freie Thätigkeit des heutigen Kaufmannes vollständig ersetzt durch einen sozusagen automatisch funktionirenden Apparat, d. h. wenn ein solcher Apparat überhaupt funktioniren könnte, eine Frage, auf die ich hier nicht eingehen kann.

Es ist mir unmöglich, alle Ansichten wiederzugeben, welche die Nationalökonomen unseres Jahrhunderts über die volkswirtschaftliche Bedeutung des Handels ausgesprochen haben. Nur einzelne besonders charakteristische deutsche Stimmen kann ich anführen.

Zunächst eine Stimme aus Hamburg und zwar aus der Zeit, in der Adam Smith sein unsterbliches Werk schrieb. Der Hamburger Arzt Reimarus sagt 1772 in seinen „Handlungsgrundsätzen": „Die Handlung besteht in einem Tausche, welcher Freiheit, Wettlauf und Gleichgewicht erfordert und alle Völker durch Auswechselung ihrer Bequemlichkeiten glücklich machen kann. Dies ist auch der allgemeinen Menschenliebe, dem Zusammenhange der Welt und dem Zwecke des Schöpfers gemäß, dessen Einrichtung es ist, daß die Glückseligkeit des einen mit der Glückseligkeit des anderen verknüpft ist."

Wesentlich anders urteilte 70 Jahre später Friedrich List, der große Vorkämpfer des Deutschen Zollvereins, in seinem berühmten Werke: „Das nationale System der politischen Oekonomie". Zwar schreibt auch er dem Handel ausdrücklich Produktivität zu; „aber — fährt er fort er ist in ganz anderer Weise produktiv als Ackerbau und Manufakturen. Diese bringen Güter hervor, der Handel vermittelt nur den Tausch der Güter. Ihm ist es gleichgiltig, in welcher Weise die von ihm importirten oder exportirten Waaren auf die Moralität, den Wohlstand und die Macht der Nation wirken. Er importirt Gifte wie Heilstoffe. Ganze Nationen entnervt er durch Opium und Branntwein. Im Krieg versorgt er den Feind mit Waffen und Munition. Er würde, wäre es möglich, Aecker und Wiesen ins Ausland verkaufen; und hätte er das letzte Stück Landes abgesetzt, sich auf sein Schiff setzen und sich selbst exportiren." So dachte der größte deutsche Vertreter einer nationalen Handelspolitik.

Die nächste Generation nationalökonomischer Denker in Deutschland brachte uns diejenige Strömung, welche wir als die „historische" zu bezeichnen pflegen. Gleich dem Systeme von List war sie eine Reaktion gegen die auf Adam Smith beruhende, englische Schule der Nationalökonomie, gegen das unbedingte „laissez-faire" in wirtschaftlichen Dingen. Ihre wichtigste Eigenschaft ist die Anschauung, daß es überhaupt keine unbedingt giltigen nationalökonomischen Lehren giebt, daß vielmehr jede wirtschaftliche Entwickelungsstufe ihre eigene National= ökonomie haben muß, daß es sich in erster Linie darum handelt, die thatsächlichen wirtschaftlichen Verhältnisse in ihrer geschichtlichen Bedingtheit kennen zu lernen, und daß auch der Staat sich in seinem Verhalten danach zu richten hat. Für die Entwickelungsstufe der deutschen Volks= wirtschaft führt die historische Schule zu der Notwendig= keit eines maßvollen Eingreifens des Staates in die wirt= schaftlichen Dinge.

Die Führer der historischen Richtung in der ersten Generation waren Roscher und Knies. Wie stellten sie sich zu dem Handel und seiner volkswirtschaftlichen Bedeutung? Auch hier sind wieder zwei einander aus= schließende Anschauungen zu verzeichnen.

Roscher sagt in seinen „Grundlagen der National= ökonomie": „Wenn jede Produktion erst in dem Augen=

blicke vollendet ist, wo das Produkt für seinen letzten Zweck, die Konsumtion, reif geworden ist, so ist der Handel gleichsam das Schlußglied in der Kette der produktiven Arbeiten." Dagegen stellt K n i e s in seinem großen Werke „Geld und Kredit" gelegentlich der Produktion die V e r t e i l u n g gegenüber und versteht unter letzterer das gesamte Gebiet des Tauschverkehrs. Aber Knies hat an einer anderen Stelle eine neue Wertlehre aufgestellt, die uns im nächsten Vortrage beschäftigen wird; diese Knies'sche Wertlehre steht nicht im Einklange mit jener beiläufigen Unterscheidung von Produktion und Vertei= lung. Letztere rührt auch gar nicht von ihm her; sie ist zwar seitdem von Anderen in dieser oder jener Form wieder aufgenommen, aber keineswegs zum Gemeingut der Wissenschaft geworden; vielmehr pflegt man in der Nationalökonomie als „Verteilung" meist die Verteilung des G e s a m t e r t r a g e s der Volkswirtschaft auf die einzelnen Produktionsfaktoren zu verstehen, also die Lehren von der Grundrente, vom Kapitalzins und vom Arbeits= lohn. Was dagegen Knies als „Verteilung" bezeichnet, — Andere sagen statt dessen „Verkehr" — das ist die Verteilung der produzirten Güter selbst. Knies läßt die Produktion schon mit der Industrie aufhören, während Roscher, wenn auch noch recht unsicher, sie erst mit der Thätigkeit des Handels vollendet sein läßt.

Die Lehre von der Produktion ist, wie schon erwähnt, durch die neuere Nationalökonomie arg vernachlässigt worden; man ist so weit gegangen, den älteren Streit über die wirtschaftliche Produktivität dieser oder jener menschlichen Thätigkeit als einen müssigen zu bezeichnen. Nun, wenn die Frage, ob der Handel produktiv ist oder nicht, eine müßige ist, so muß man wirklich fragen, welche

Zwecke denn die ganze nationalökonomische Wissenschaft verfolgt.

Wir sind jetzt bei der Gegenwart angelangt. Es giebt in Deutschland zwei große wissenschaftliche Unternehmungen, welche den augenblicklichen Stand der nationalökonomischen Wissenschaft im ganzen gut darstellen: das große „Handwörterbuch der Staatswissenschaften", herausgegeben von den Professoren Conrad, Elster, Lexis und Loening, sowie das „Handbuch der politischen Ökonomie", herausgegeben von Professor Schönberg. An beiden Werken haben zahlreiche deutsche Theoretiker und Praktiker mitgearbeitet. Im „Handwörterbuche" ist der Artikel „Handel" bearbeitet worden von dem Ministerialrat Dr. Mataja in Wien, der vorher Professor in Innsbruck gewesen war; im Schönberg'schen Handbuche hat der Göttinger Professor Lexis den Abschnitt „Handel" bearbeitet. Die Arbeit von Lexis ist zweifellos die beste deutsche Monographie über den Handel, die wir besitzen. Wie stellen diese beiden nun sich zu unserer Frage?

Mataja unterscheidet den Handel ganz ausdrücklich von der Produktion, polemisirt aber andererseits gegen die Lehre von der Unproduktivität des Handels und sagt sogar ähnlich wie Roscher: „Ehe nicht die Güter thatsächlich in die Verfügungsgewalt des Konsumenten gelangt sind, kann die produktive Thätigkeit nicht als endgiltig abgeschlossen gedacht werden." Danach müßte also der Handel doch zur Produktion gerechnet werden.

Denselben Zwiespalt finden wir bei Lexis wieder: Auch er versteht als „Produktion" lediglich die Herstellung volkswirtschaftlicher Güter, und er schließt von der Produktion „die Uebertragung der Güter aus einer Hand in die andere" mit Nachdruck aus. Dennoch sagt er an anderer Stelle: „Sofern die Handelsthätigkeit zugleich das objektiv nützliche Resultat erzeugt, daß die Güter eine ihre Brauchbarkeit erhöhende Ortsveränderung erfahren und den Konsumenten reichlicher und bequemer zugänglich gemacht werden, ist sie unzweifelhaft auch volkswirtschaftlich produktiv. Wenn der Bergwerksunternehmer, der durch Handarbeiter und Maschinen Steinkohlen aus der Tiefe an die Oberfläche emporheben läßt, ein Produzent ist, so kommt dieser Charakter eben so gut dem Händler zu, der auf seine Rechnung veranlaßt, daß diese Kohlen vom Schacht nach seinem Lager in der Stadt und von da in die Vorratsräume des Konsumenten gelangen."

So schwankend urteilt die nationalökonomische Theorie noch bis zum heutigen Tage. Zwar heißt es nicht mehr wie im Altertum, der ganze Gewinn der Kaufleute entstamme dem Betruge; aber noch immer hat sich die Theorie nicht entschlossen, den Handel als völlig gleichberechtigt den übrigen Produktionszweigen einzureihen und in der Anschauung, daß „Uebertragung der Güter von einer Hand in die andere" nicht Produktion sei, spukt unbewußt immer noch etwas von dem uralten Irrtume, daß dasjenige, was der Kaufmann gewinnt, irgend ein Anderer verlieren müsse.

Es ist offenbar ein unbefriedigender Stand der Wissenschaft, der solche stets erneuten Widersprüche zeitigt, wie ich sie Ihnen vorgetragen habe. Wir müssen den Versuch machen, aus dieser Lage einen Ausweg zu finden. Dabei dürfen wir uns freilich durch die Furcht vor schmalen, noch wenig betretenen Pfaden nicht abschrecken lassen; ich hoffe, es werden keine Irrwege sein, auf denen ich mir im nächsten Vortrage zu folgen bitte. Heute nur noch wenige Worte.

Der Fortschritt der Wissenschaft bewegt sich wie jede menschliche Entwickelung im Zickzack: ihr Fortschritt setzt sich zusammen aus Aktion und Reaktion. Vor einem Jahrhundert befand sich die nationalökonomische Erkenntnis in einer Periode der Reaktion gegen zu weit getriebene staatliche Bevormundung; gegenwärtig befindet sie sich in einer Periode der Reaktion gegen zu weit getriebene wirtschaftliche Freiheit. Die Agrarier die vor hundert Jahren das extremste „laissez-faire" predigten, sind gegenwärtig geneigt, einen ebenso extremen Staatssozialismus einzuführen. Derartige Vergleiche sollen uns aber keineswegs lehren, daß wir die Hände in den Schoß legen und mit philosophischem Gleichmute die unvermeidliche Reaktion gegen die augenblicklichen Irrtümer abwarten müssen. Nein, diese Reaktion kann rascher oder langsamer einsetzen, je nach der Kraft des Volkes, sich jener verderblichen Irrtümer zu entledigen. Sie kann auch unter schrecklichen Zuckungen, unter blutigen, die Kultur gefährdenden Kämpfen erfolgen, wie vor hundert Jahren, oder sie kann allmählich unter dem Einflusse fortschreitender Erkenntnis vor sich gehen. Wenn wir hoffen, daß letzteres in der jetzigen Epoche der Fall sein wird, so sind wir zu solcher Hoffnung nur insoweit berechtigt, als wir selbst alles thun, was in unseren Kräften steht, um sie in Erfüllung gehen zu lassen. Unter diesem Gesichtswinkel bitte ich auch dasjenige aufzufassen, was ich Ihnen im nächsten Vortrage sagen werde.

II.

Die Theorie des Handels.

Wenn ich am Schlusse meines ersten Vortrages sagte, wir dürften, um über die Produktivität oder Unproduktivität des Handels ins klare zu kommen, uns vor schmalen, wenig betretenen Pfaden nicht scheuen, so bezieht sich das nicht auf den **Ausgangspunkt** unserer heutigen Erörterung. Dieser Ausgangspunkt ist selbstverständlich der nämliche wie der **aller** wirtschaftlichen Erkenntnis: es ist der **Mensch** und seine Natur.

Die Natur des Menschen bringt es mit sich, daß er Bedürfnisse hat, die nur zu befriedigen sind durch gewisse Dinge (Nahrungsmittel, Kleidungsstücke ꝛc.), welche man **Güter**, und deren Fähigkeit zur Befriedigung jener Bedürfnisse man **Wert** nennt, genauer: Gebrauchswert, zum Unterschiede von einer anderen Wertart, die nicht unmittelbar aus der Natur des Menschen hervorgeht, sondern erst durch die Kulturentwickelung entsteht, zum Unterschiede vom Tauschwert.

Fürchten Sie nun nicht, daß ich Sie hier gleich in das Labyrinth der abstrakten Wertlehre führen werde; es lohnt nicht immer, dieses Labyrinth zu betreten, selbst wenn man gründliche Kenntnis der Wirklichkeit als Ariadnefaden mitnimmt.

Die Deduktion, d. h. diejenige logische Operation, welche aus allgemeinen Sätzen andere, und aus diesen wieder andere Sätze ableitet, ist nirgends mit größerer Vorsicht anzuwenden, als auf dem Gebiete der Nationalökonomie, weil hier weil häufiger als auf anderen Gebieten solche logisch scheinbar noch so unanfechtbaren Schlüsse durch die Logik der Thatjachen widerlegt werden. Wir befolgen hier, wie Sie wissen, die umgekehrte Methode; unser nun schon einmal bewährtes Rezept lautet: Ermittelung der Thatjachen durch ruhige Prüfung der geschichtlichen Entwickelung und ihres gegenwärtigen Standes. Dabei bemerken wir denn Folgendes:

Jedes wirtschaftende Subjekt, mag es nun ein Individuum oder eine Gesamtheit sein, etwa ein Volk, hat dafür zu sorgen, daß ihm diejenigen Güter zur Verfügung stehen, welche zur Befriedigung seiner Bedürfnisse erforderlich und geeignet sind; jedes wirtschaftende Subjekt muß also die Verfügungsgewalt über diese Güter erlangen, muß sie erwerben. Dazu ist jedes wirtschaftende Subjekt oder sagen wir der Kürze halber, jeder Mensch gezwungen, der Südseeinsulaner wie der europäische Kulturmensch.

Der Mensch wendet sich zunächst stets an die Allmutter Natur und heischt von ihr die Mittel zur sofortigen, unmittelbaren Befriedigung seiner Bedürfnisse. Das Unmittelbare der Bedürfnisbefriedigung — darauf hat man bisher zu wenig geachtet — ist für ihn von entscheidender Bedeutung. Dem Hungrigen, dem Dürstenden, dem Frierenden nützt es nichts, daß man ihm sagt: 1000 Meilen von hier ist Speise, Trank und Obdach reichlich vorhanden; oder daß man ihm sagt: warte vier Wochen, dann wirst du Alles bekommen. Nein, der bedürftige Mensch verlangt von der Natur, daß sie ihm sofort und gerade dort, wo er sich befindet, helfen soll. Aber selten nur entspricht die Natur ohne weiteres diesem naiven Begehren.

Gewiß ist ein Zustand denkbar, bei dem der Mensch die zur Befriedigung seiner Bedürfnisse nötigen Güter mühelos erwerben und unmittelbar konsumiren kann. Die ältesten, ehrwürdigsten Ueberlieferungen des Menschen= geschlechtes wissen Herrliches von diesem Zustande zu er= zählen, der damals schon ein längst verlorenes „Paradies" war. Einzelne Völker tropischer Gegenden führen zwar noch jetzt ein Leben, daß sich von dem Adam's und Eva's im Paradies nicht allzuweit entfernt. Aber als sich die Menschen „mehrten und fruchtbar wurden", als sie da= durch auch gezwungen wurden, die „Erde anzufüllen", andere weniger reich gesegnete Länder aufzusuchen, da schlossen sich den meisten von ihnen die Pforten des Paradieses: die Kargheit der Natur an unmittelbar brauchbaren Gütern zwang die Menschen, „im Schweiße ihres Angesichts ihr Brot zu essen"; sie mußten a r b e i t e n, und diese Erwerbsarbeit ward zur P r o d u k t i o n, sobald es ihr gelang, die natürliche Knappheit an unmittelbar brauchbaren wirtschaftlichen Gütern zu besiegen.

Produktion ist zwar denkbar ohne menschliche Arbeit: im „Paradiese" hatte die Natur ja wildwachsende eßbare Früchte produziert, welche der Mensch nur zu occupiren brauchte; aber s o b a l d die Natur den Menschen zur Arbeit gezwungen hatte, wurde sie ihrerseits seine Dienerin, und der M e n s c h wurde der Leiter der Produktion.

Bis hierher haben wir uns im ganzen auf der breiten, ausgetretenen Heerstraße der nationalökonomischen Wissen= schaft bewegt; jetzt aber wird der Weg weniger deutlich.

Ich sagte: die Erwerbsarbeit wird zur Produktion, sofern es ihr gelingt, die Knappheit der Natur an un=

mittelbar brauchbaren wirtschaftlichen Gütern zu besiegen. Produktion ist Ueberwindung jener natür= lichen Güterknappheit. Die übliche Lehre drückt das anders aus; sie sagt: Produktion ist Schaffung von Werten; aber wer das sagt, muß zunächst in die Abgründe der Wertlehre hinabsteigen, was wir so lange wie möglich vermeiden wollen. Halten wir uns lieber einstweilen an ein möglichst einfaches Beispiel aus der Wirklichkeit.

Die Produktion durch Erwerbsarbeit beginnt regel= mäßig mit der Jagd. Der Jäger will die Natur zwingen, ihm Güter zu liefern, die sie freiwillig nicht hergiebt. Er geht auf die Jagd; stundenlang lauert er dem Wilde auf. Ist das schon Produktion? Nein, es ist erst Erwerbs= arbeit, Vorbereitung für die Produktion. Der Jäger erlegt das Wild. Das ist unzweifelhaft Produktion; aber ist diese damit schon beendet? Was nützt es dem Jäger, wenn er das Wild erlegt, es aber nicht findet, weil es sich in unzugängliches Dickicht zurückzieht, um dort zu verenden? Und wenn er es nun gefunden hat, kann er damit ohne weiteres seinen Hunger stillen, wie etwa mit der wilden Feige, die er vom Baume bricht? Kann er damit den Hunger seiner Familie stillen, die vielleicht eine halbe Tagereise entfernt vom Jagdorte hungert?

Und selbst wenn er das Wildpret ausgeweidet, nach Hause gebracht und gebraten hat, ist dasjenige, was übrig bleibt, ohne weiteres für die Befriedigung künftiger Be= dürfnisse zu verwenden? Muß er nicht auch für Konser= virung des Restes sorgen? Gehört das Ausweiden, Transportiren, Braten, Dörren nicht ebenso gut zur Produktion wie der Speerwurf, der das Stück Wild tötete?

Offenbar ist jene Knappheit der Natur an unmittelbar

brauchbaren Gütern kein so einfacher Begriff, wie es beim
ersten Anblick scheinen könnte; vielmehr handelt es sich
dabei um eine vierfache Art von Güterknappheit: die zur
unmittelbaren Bedürfnisbefriedigung geeigneten Güter
sind nicht in genügender Menge vorhanden; sie sind nicht
in der für die Bedürfnisbefriedigung erforderlichen Beschaffenheit vorhanden; sie sind nicht am Orte des
Bedarfs und endlich sind sie auch nicht zur Zeit des Bedarfs verfügbar.

Nach allen diesen vier Richtungen muß sich daher die
Erwerbsarbeit der Menschen erstrecken, wenn sie die
natürliche Güterknappheit überwinden, wenn sie zur Produktion gelangen will. Mit anderen Worten: der Begriff
der Produktion darf nicht auf die Lösung einzelner
dieser vier Aufgaben beschränkt werden, sondern er muß
sie sämtlich umfassen. Bleibt auch nur eine von ihnen
ungelöst, so ist die Produktion nicht vollendet. Eine Sache,
die an sich durchaus geeignet ist, wirtschaftliche Bedürfnisse
des Menschen zu befriedigen, sobald sie der Natur ab-
gewonnen, bearbeitet, transportirt und bis zum Augenblicke des Konsums aufgehoben worden ist, eine solche
Sache ist doch kein wirtschaftliches Gut, wenn eine dieser
Voraussetzungen unerfüllt bleibt, sie ist „zu nichts gut",
sie hat keinen Wert, d. h. zunächst keinen Gebrauchswert.

Andererseits umspannen die genannten vier Arten
produktiver Leistungen das ganze Gebiet der unmittelbaren positiven Produktion wirtschaftlicher Güter, und
das Wesen dieser Produktion ist damit erschöpfend bestimmt. Halten wir hieran fest; es ist ein Resultat von
grundlegender Bedeutung.

Ehe wir weitergehen, müssen wir zunächst wieder auf
allbekannte Dinge zurückgreifen. Bekanntlich giebt es in
der Kulturentwickelung des Menschengeschlechtes einen Zu-

stand, den die Wissenschaft als den der „Eigenpro=
duktion" bezeichnet. Das ist ein Zustand, bei dem jedes
wirtschaftende Subjekt seine sämtlichen Bedürfnisse durch
eigene Produktion befriedigen muß, wobei es natürlich
gleichgiltig ist, ob der Haushaltsvorstand selbst arbeitet,
oder ob seine Familienangehörigen oder Sklaven für ihn
die Arbeit besorgen. In diesem Zustande muß der einzelne
Wirtschafter alle Schwierigkeiten überwinden, welche die
Natur seinem Gütererwerbe bereitet: er muß ihr nicht
nur die nötige Gütermenge abgewinnen, sondern diese
auch so zurichten, daß sie unmittelbar verbraucht werden
kann; da ferner das Bedürfnis meist nicht an dem Orte
zu befriedigen ist, wo das Gut gewonnen wird, so muß
er auch selbst für dessen Transport sorgen, und da endlich
die Güter meist auch nicht ohne weiteres im Augenblicke
des Bedarfs verfügbar sind, muß er im voraus dafür
sorgen, daß ihm die Mittel zur Bedürfnisbefriedigung
niemals ganz ausgehen.

In dieser Reinheit war der Zustand der Eigenpro=
duktion freilich nur in den frühesten Anfängen der mensch=
lichen Entwickelung vorhanden; schon durch den ersten
Raub, durch das erste Geschenk erlitt der Zustand der
Eigenproduktion eine Einschränkung; denn weder die ge=
raubten noch die geschenkten Güter sind von denen pro=
duzirt, welche sie erwarben. Aber Raub und Geschenk
sind zu allen Zeiten außergewöhnliche Erwerbsarten
gewesen. Eine vollständige Umwälzung in der Güter=
produktion trat dagegen mit Entstehung des Tausch=
verkehres ein. Auch hier haben wir es zunächst noch
mit Dingen zu thun, die den meisten von Ihnen geläufig
sein werden.

Beim gewöhnlichen Tauschhandel, wie ihn so viele
wilde und halbwilde Völker noch jetzt betreiben, übernimmt

jede der beiden tauschenden Parteien für die andere
die vollständige Produktion eines Gutes und ermöglicht
ihr dadurch dessen Erwerb. Der eine Volksstamm hat
Ueberfluß an Eisen; dagegen fehlt es ihm an Salz, das
bei einem anderen Volksstamm reichlich vorhanden ist.
Sobald beide Völker gelernt haben, daß es möglich ist,
die beiderseitigen Bedürfnisse durch Tausch zu befriedigen,
beginnt das eine Volk Eisen, das andere Salz für den
Tauschverkehr zu produzieren.

Der Tauschverkehr verleiht den wirtschaftlichen Gütern
einen neuen Wert. Früher bestand ihr Wert ausschließlich in ihrer Brauchbarkeit für die eigenen Bedürfnisse
des Produzenten, jetzt dagegen besteht er in ihrer Fähigkeit, gegen andere Güter ausgetauscht zu werden, welche
Fähigkeit die Nationalökonomie als Tauschwert zu bezeichnen pflegt.

Es leuchtet ohne weiteres ein, wie mächtig diese neue
Fähigkeit der Güter auf die Produktion wirken muß. Der
Kreis der Güter, welche in einer einzelnen isolierten
Wirtschaft für den eigenen Gebrauch hergestellt werden
können, ist ein eng begrenzter, der Tauschverkehr dagegen
eröffnet der Produktion ein thatsächlich unbegrenztes Gebiet: die gesamte Ausdehnung der Produktion, welche den
Erdball kultivirt hat, beruht am letzten Ende auf der
einen großen Thatsache des Tauschverkehrs. Freilich wird
die einzelne Wirtschaft dadurch auch abhängig von dem
gewaltigen Räderwerk dieses Verkehres, und wenn irgend-
wo ein Rad des Getriebes aussetzt, so wird die Stockung
bis in die entlegensten Winkel hinein fühlbar, wie auch
umgekehrt jede allzu rasche Bewegung eines Teiles sich
dem ganzen komplizierten Mechanismus mitteilt; aber es
ist Thorheit, diese Wirkung einseitig hervorzuheben, statt

ihr den unfaßbar großen Kulturfortschritt, der mit solchen Opfern erkauft ist, gegenüberzustellen.

Wir hätten hier nun abermals die schönste Gelegenheit, uns weiter in das Wesen des Wertes zu vertiefen; aber wir lassen diese Gelegenheit wiederum vorübergehen. Wir ziehen es vor, zunächst das Wesen des Tauschvorganges selbst etwas näher ins Auge zu fassen.

Zu jedem Tausche gehören zwei Personen, die sich an einem bestimmten O r t e und zu einem bestimmten Z e i t - p u n k t e treffen müssen, um den Tausch zu vollziehen. Was thun sie, indem sie zu diesem Zwecke zusammenkommen? Genau dasselbe, was jener isolirt wirtschaftende Jäger that, indem er das erlegte Stück Wild dahin schaffte, wo seine Familie es brauchte, und indem er es aufhob, solange, bis es ganz konsumirt war. Hier wie dort wird die Kargheit der Natur durch menschliche Arbeit gebessert nach den nämlichen zwei Richtungen; dem örtlichen und dem zeitlichen Mangel an wirtschaftlichen Gütern wird abgeholfen. Wir wissen bereits, daß diese Thätigkeit einen notwendigen Bestandteil jeder Produktion bildet.

Daran ändert es auch nicht das geringste, wenn die Zahl derjenigen zunimmt, welche sich an einem bestimmten Orte und zu einer bestimmten Zeit treffen, um Tauschhandel zu treiben, wenn sich M ä r k t e bilden. Die Marktbildung ist ein wirtschaftlicher Vorgang von unermeßlicher Bedeutung, ein Vorgang, so voll von verwickelten Erscheinungen, daß viele Generationen nationalökonomischer Forscher sich an ihnen die Zähne ausbeißen können. Aber für uns hier ist es z u n ä c h s t gleichgiltig, ob der Tauschverkehr sich isolirt immer zwischen zwei Parteien vollzieht, oder ob auf beiden Seiten Konkurrenz stattfindet, was das Wesen der Marktbildung ist. Stets sind es nur die zwei großen Kategorien des Ortes und der Zeit, mit

denen der Tauschverkehr zu thun hat, während die anderen
beiden Teile der Produktion, die Erzeugung des nötigen
Güterquantums und der erforderlichen Güterqualität sich
außerhalb des eigentlichen Tauschverkehres abspielen.

Um bei bei jenem einfachen Beispiele zu bleiben: die
Gewinnung des Eisenerzes und des Salzes, die Verhüttung
des ersteren, das Zurichten des letzteren — diese Arbeiten
haben, auch wenn Eisen und Salz gegen einander ausgetauscht werden sollen, lediglich den Charakter einer un-
vollständigen Produktion, welche erst durch den Tausch
selbst vollständig wird. So wenig der Jäger durch den
bloßen Speerwurf schon ein fertiges Produkt erzeugt, so
wenig verdient diese Bezeichnung das Eisen und das Salz,
mag es auch schon zum Tausche fertig sein.

Bisher haben wir in unserer entwickelungsgeschicht-
lichen Darstellung den Handel noch nicht erwähnt; denn
Tauschverkehr ist ja nicht Handel; jener ist der weitere,
dieser der engere Begriff. Jetzt wird es Zeit, daß wir
auf dem kürzesten Wege wieder unserem Thema zusteuern.

Die Entstehung und Entwickelung des Tauschverkehres
führt zu einer Reihe von Vorgängen innerhalb der Produktion, welche der Nationalökonom seit Adam Smith
unter dem Sammelworte „Arbeitsteilung" mit ge-
bührender Ehrfurcht als den wichtigsten Inhalt der wirtschaftlichen Entwickelung verehrt.

Die ersten Anfänge der Arbeitsteilung sind sicherlich
stets durch zufällige natürliche Thatsachen hervor-
gerufen worden, also etwa durch den Ueberfluß von Salz
in dem einen, von Eisen in dem anderen Lande oder durch
die besondere angeborene Geschicklichkeit des einen Menschen
im Herstellen von Thongefäßen, des anderen Menschen im
Herstellen von Waffen u. s. w. Allmählich aber mußte sich
dem Menschen die Erkenntnis aufdrängen, daß er auch

durch absichtliche Konzentration seiner Kräfte auf eine einzelne Arbeitsart mit geringerer Mühe mehr produziren und erwerben könne, als durch ihre Zersplitterung auf verschiedene Arbeiten[1]. Damit begann sich die Arbeitsteilung allmählich von ihrer natürlichen Grundlage loszulösen, und der menschliche Verstand übernahm ihre weitere Entwickelung.

Zunächst bildete sich in der Regel eine internationale Arbeitsteilung heraus, indem gewisse Völker einzelne Teile der Produktion für andere Völker übernahmen, während die Arbeitsteilung innerhalb der Völker sich meist erst später entwickelte. Aber gleichviel, jedenfalls haben wir

---

1) Das Streben, n.öglichst viel mit möglichst geringem Aufwande zu produziren, pflegt man in der Wissenschaft als Folge eines besonderen Prinzipes, des sogenannten „Wirtschaftlichen Prinzipes", zu bezeichnen, und man pflegt sogar zu sagen, die Volkswirtschaftslehre habe sich mit der Produktion der wirtschaftlichen Güter nur insoweit zu beschäftigen, als dieses „Wirtschaftliche Prinzip" in Frage käme, dagegen sei der Produktionsvorgang selbst ohne Rücksicht auf das wirtschaftliche Prinzip ein Gegenstand der technischen Wissenschaften i. w. S. Diese Scheidung läßt sich so allerdings nicht aufrecht erhalten, wie der Inhalt jedes Hand- oder Lehrbuches der Volkswirtschaftslehre zeigt: „Technik" und „Oeconomik" sind untrennbar miteinander verflochten, und die Grenze der Volkswirtschaftslehre liegt, meiner Ueberzeugung nach, an einer anderen Stelle, nämlich da, wo die Lehre von der Privatwirtschaft, die reine Erwerbslehre, anfängt. Wenn man den Ausdruck „Wirtschaftliches Prinzip" auf die zweckmäßige Thätigkeit des menschlichen Verstandes im Dienste des Erwerbstriebes anwenden will, so ist hiergegen nichts einzuwenden; man gewinnt auf solche Weise eine kurze Bezeichnung für die Verbindung der beiden wichtigsten Bestandteile des Erwerbslebens. Nur darf man diese wirklichen Kräfte, welche hinter dem abstrakten Begriffe verborgen sind, niemals aus dem Auge verlieren.

hier wie dort zwei Grundformen der Arbeitsteilung zu unterscheiden, die nach Produktions zweigen und die nach Produktionsarten.

Einmal nämlich übernehmen Gruppen von Produ= zenten die Aufgabe, Güter bestimmter Art der Ge= samtheit zur Verfügung zu stellen, in der Erwartung, daß die Gesamtheit ihnen dafür einen Entgelt gewähren, sie in den Stand setzen wird, ihrerseits durch Tausch andere Güter zu erwerben, deren sie bedürfen. Auf solche Weise bilden sich Produktionszweige für die Produktion von Eisen, Salz, Getreide u. s. w.

Jeder dieser Produktionszweige hätte nun eigentlich für diejenigen Güter, welche er produziert, die Kargheit der Natur nach allen vier Richtungen, in denen sie sich äußert, zu bekämpfen: Der Eisenproduzent müßte also das Eisenerz aus den Tiefen der Erde holen, es verhütten, schmieden, aufbewahren, nach dem Markte schaffen u. s. w. Aber das geschieht nicht. Vielmehr hat hier eine weitere Arbeitsteilung Platz gegriffen, indem die Bekämpfung jeder der vier Arten von Güterknappheit einer großen Gruppe von Produzenten zufiel; auf solche Weise bildeten sich berufsmäßig gesonderte Produktionsarten.

Drei dieser großen Produktionsarten sind ihnen allen bekannt: man nennt sie Urproduktion, Gewerbe und Handel. Aber welches ist die vierte Produktionsart? so werden Sie fragen. Erschrecken Sie nicht über das, was ich Ihnen jetzt sagen werde; ich möchte es Ihnen am liebsten ver= schweigen, denn es ist nichts geringeres, als die Legi= timirung einer Thätigkeit, die alle Welt jetzt zu hassen und zu verachten scheint, eines wahren enfant terrible der bürgerlichen Erwerbsarbeit; aber was nützte es, wenn ich es Ihnen heute nicht sagte? über kurz oder lang müßte es ja doch ans Tageslicht kommen: die vierte Produktions=

art, die ebenbürtige Schwester von Urproduktion, Gewerbe und Handel, ist die S p e k u l a t i o n.

Ich habe hier nicht über die volkswirtschaftliche Be= deutung der Spekulation zu sprechen, sondern über die des Handels; aber ich konnte es nicht umgehen, auch die erstere hier zu erwähnen, und da ich dies einmal thun mußte, bin ich gezwungen, die Spekulation auch im Folgen= den einige Male zu berühren. Mein Gewissen gebietet mir dabei, Ihnen anzuvertrauen, daß dasjenige, was ich Ihnen hier über die Spekulation sage, noch weniger zum gesicherten Bestande der Wissenschaft gehört, wie die Ihnen vorgetragene Lehre von der Produktivität des Handels. Wenn das, was ich Ihnen heute sage, in der Welt der deutschen Wissenschaft bekannt wird, so wird sich wohl zu= nächst hier und da einiges Schütteln der Köpfe ereignen, und namentlich wird man mir vorwerfen, daß ich Ihnen, verehrte Anwesende, solche noch nicht allgemein anerkannte Lehren vorgetragen habe.

Ich hoffe, daß mir dies bei Ihnen nicht schaden wird, und daß es auch Ihnen selbst nicht schaden wird; hoffentlich ist in Hamburg ebensoviel Fähigkeit zur Kritik gerade über solche Lehren vorhanden, wie in dem Leserkreise einer wissenschaftlichen Zeitschrift. Und nun verzeihen Sie mir diese Abschweifung und gestatten Sie, daß ich den Faden meiner Erörterung wieder aufnehme.

Dasjenige, was ich über die Arbeitsteilung nach Produktionsarten sagte, bedarf noch mehrfacher Er= läuterung.

Zunächst wird man einwenden, daß ja doch j e d e wirtschaftliche Unternehmung, mag sie nun der Urpro= duktion oder einer anderen Produktionsart angehören, ihre Produktion nach Menge, Qualität, Zeit und Ort dem Bedarf anpassen muß. Das ist ohne weiteres zuzugeben;

aber es beweist nichts gegen die Richtigkeit unserer Theorie; denn es ist lediglich eine privatwirtschaftliche Notwendigkeit, die nichts zu thun hat mit den volkswirtschaftlichen Funktionen der einzelnen Produktionsarten.

Geht man, wie es die Wissenschaft thun muß, aus von der ganzen Volkswirtschaft oder auch von einem anderen Produktionsgebiete, so wird sich nicht bestreiten lassen, daß

1) kein Atom eines Gutes in diesem Produktions-gebiete verbraucht werden kann, dessen Quantum[1]) nicht von der Urproduktion gewonnen worden ist, daß

2) die Erzeugnisse der Urproduktion, soweit sie ihrer Beschaffenheit nach nicht unmittelbar konsumirt werden können, ihre zur Bedürfnisbefriedigung taugliche Qua-lität lediglich dem Gewerbe verdanken, daß

3) die Ueberführung der Güter nach dem Orte des Bedarfs Sache des Handels, und daß

4) die Sicherung der zeitlich ununterbrochenen Güter-versorgung Sache der Spekulation ist.

Aehnlich steht es mit dem Einwande, daß sich eine scharfe Abgrenzung der einzelnen Produktionsarten von-einander in der Praxis nicht ermöglichen läßt. Auch das ist vollkommen richtig; so geht es aber mit allen Begriffsbestimmungen: es giebt überhaupt keine einzige nationalökonomische Begriffsbestimmung, welche auf die Wirklichkeit etwa so paßt, wie zwei völlig gleiche geo-metrische Figuren, die man aneinander legt. Fraglos ist die Urproduktion oftmals auch mit gewerblichen und kommerziellen Thätigkeiten verbunden; noch mehr ver-

---

1) Es handelt sich hier natürlich nicht um die Schaffung neuer Stoffmengen, die überhaupt nicht vermehrt werden können, sondern um die Schaffung von Gütermengen.

schwimmt in der Praxis die Grenze zwischen Gewerbe und Handel und am allerschwierigsten ist praktisch die Grenzlinie zwischen Handel und Spekulation zu ziehen; führt man doch die letztere noch regelmäßig als einen Teil des Handels auf, während sich theoretisch zwischen Handel und Spekulation eine ebenso scharfe, bis in die kleinsten Einzelheiten hinein fortsetzbare Scheidelinie ziehen läßt, wie zwischen den anderen Produktionsarten.

Alle Produktionsarten haben sich erst im Laufe langer Zeiträume soweit von einander gesondert, wie wir es gegenwärtig vor uns sehen; am frühesten erfolgte die Teilung zwischen der Urproduktion und den übrigen Produktionsarten, am spätesten begann die Abzweigung der Spekulation; diese ist thatsächlich noch immer nur zum kleinsten Teile eine besondere Berufsart geworden; aber das entbindet uns nicht von der Verpflichtung, sie begrifflich von den übrigen Produktionsarten streng zu scheiden.

So sind ja auch manche gewerbliche Thätigkeiten noch bis zum heutigen Tage größtenteils auf der Stufe der Eigenproduktion stehen geblieben; die wichtigste dieser Thätigkeit ist die Bereitung der Speisen, die meist noch in den Familien vorgenommen wird; sollen wir sie deshalb nicht als das bezeichnen, was sie ihrem ganzen Wesen nach ist, als eine stoffbearbeitende d. h. eine gewerbliche Thätigkeit?

Wir wissen jetzt, worin die Theorie die volkswirtschaftliche Bedeutung des Handels erblicken muß: Der Handel ist diejenige Produktionsart, welche die Aufgabe hat, die örtliche Knappheit der

Natur an wirtschaftlichen Gütern zu über=
winden[1]).

Das Bild, das wir auf Grund dieser Resultate von
der Stellung des Handels gewinnen, weicht ganz außer=
ordentlich ab von dem, welches in der Welt augenblicklich
noch das übliche ist. Regelmäßig stellt man sich den
Handel vor als eine Erwerbsart (nicht als eine Pro=
duktionsart), welche durch die Vermittelung zwischen Pro=
duktion und Konsumtion viel Geld verdient. Von einer
solchen Anschauung ist nur ein kleiner Schritt bis zu der=
jenigen, welche den Handel geradezu als eine volkswirt=
schaftliche Schmarotzerpflanze betrachtet.

Im Lichte derjenigen Erörterungen dagegen, welche
uns heute beschäftigt haben, erscheint der Handel als das
notwendige Schlußglied der Produktion selbst, die ohne
ihn noch gar keine vollständige, gar keine wirkliche Pro=
duktion bildet. Auf solchem Boden kann irgend eine An=
schauung, welche den Handel als eine Art Wuchergewächs
betrachtet, nimmermehr gedeihen; sie ist endgiltig ab=
gethan in dem Augenblicke des Sieges dieser neuen
Theorie.

Aber ist es überhaupt eine ganz neue Theorie? Mit
nichten. Wir erinnern uns, daß schon der alte Roscher
vor fast einem halben Jahrhundert den Ausspruch gethan
hat: „Wenn jede Produktion erst in dem Augenblicke voll=
endet ist, wo das Produkt für seinen letzten Zweck, die
Konsumtion, reif geworden ist, so ist der Handel gleichsam
das Schlußglied in der Kette der produktiven Arbeiten".

—

1) Die Sprache hat schon in der Urzeit die Ortsveränderung
als das Wesentliche im Handel erkannt; vergl. über den Zusammen
hang von „Handel" und „Wandel": Schrader, Linguistisch=
historische Forschungen zur Handelsgeschichte und Warenkunde I, 63 ff.

Zu Roschers großen Eigenschaften gehörte nicht Schärfe des wissenschaftlichen Denkens; aber mit seiner hervorragenden Empfindung für das Wesentliche hat er dieses hier, wie so oft, herausgefühlt. Nur hat leider jener Ausspruch weder bei ihm, noch meines Wissens bei anderen Nationalökonomen weitere Folgen gehabt.

Es wäre nun sehr schön, könnte ich damit meinen heutigen Vortrag schließen; aber leider erinnert mich mein Gewissen, daß ich es bisher immer noch verschoben habe, Ihnen von jenem Tummelplatze des nationalökonomischen Scharfsinns zu berichten, der als „Wertlehre" bekannt ist. Bisher habe ich nur ganz beiläufig und oberflächlich auf die beiden praktisch wichtigsten volkswirtschaftlichen Wertarten, auf den Gebrauchs- und auf den Tauschwert, hingewiesen. Dabei habe ich überdies noch nicht einmal unterschieden zwischen Gebrauchswert und bloßer Nützlichkeit der wirtschaftlichen Güter, was in den Augen neuerer Wertlehrer ein Kapitalverbrechen ist; denn, wie sie sagen, unterscheidet sich der Gebrauchswert von der bloßen Nützlichkeit dadurch, daß bei dieser die Häufigkeit oder Seltenheit der Güter keine Rolle spielt, während für den Gebrauchswert das Moment der Seltenheit unentbehrlich ist: Wasser und Luft sind gewiß sehr nützliche Güter, aber sie haben — abgesehen von gewissen Notfällen — keinen wirtschaftlichen Gebrauchswert: Nun, verehrte Anwesende, man kann dies auch anders ausdrücken: man kann zwischen freien und wirtschaftlichen Gütern unterscheiden und die Nützlichkeit der letzteren als Gebrauchswert bezeichnen. Ob man das Sachverhältnis so oder so ausdrückt, kann der nationalökonomischen Wissenschaft gleichgiltig sein.

So ist es auch meines Erachtens von keiner sehr erheblichen Bedeutung für die Ausbildung der Volkswirtschaftslehre, daß man den Begriff des Gebrauchswerts neuerdings zu dem des subjektiven, den Begriff des Tausch- wertes zu dem des objektiven Wertes erweitert hat. Als subjektiven Wert versteht man die Bedeutung, die ein Gut für ein bestimmtes Subjekt hat, als objektiven Wert dagegen seine Brauchbarkeit für einen bestimmten Zweck, nicht allein für den Tausch), sondern auch für andere menschliche Zwecke, wie man denn neben dem Tauschwert noch einen Nährwert, Heizwert ꝛc. unterscheidet. Logisch ist das ganz richtig; dennoch ist die alte Unterscheidung von Ge- brauchs- und Tauschwert für die wissenschaftliche Arbeit zweckmäßiger, weil sie die praktisch bedeutungsvollste Art des subjektiven und objektiven Wertes kurz und deutlich gegenüberstellt.

Ich habe Ihnen diese beiden Beispiele nur angeführt, um Sie aufmerksam darauf zu machen, daß in der Wert- lehre noch immer zuviel Begriffsspalterei betrieben wird. Dagegen hat man andere höchst wichtige Seiten der Wert- lehre vernachlässigt.

Die Ueberzeugung von dem unbefriedigenden Zu- stande unserer heutigen Wertlehre ist weit verbreitet, innerhalb wie außerhalb der nationalökonomischen Wissen- schaft. Einen besonders interessanten Beleg hierfür liefert ein Vortrag, den kürzlich hier der Physiker Arthur von Oettingen im „Verein für Kunst und Wissenschaft" über „die physische Arbeit und den Begriff des Wertes" gehalten hat. Was dieser geistvolle Mann da von seinem naturwissenschaftlichen Standpunkte aus über die volks- wirtschaftliche Wertlehre sagt, stimmt in einigen Haupt- punkten überein mit den Resultaten, die sich aus der Ihnen heute vorgetragenen Produktionslehre ergeben.

Wenn man von dem Werte wirtschaftlicher Güter

spricht, so denkt man zunächst regelmäßig nur an ihre Nutz bedeutung, also an ihre Verwendbarkeit für die Bedürfnisbefriedigung, für den Tausch ꝛc. In diesem Sinne spricht man regelmäßig von Gebrauchswert, von Tauschwert, von subjektivem und objektivem Werte ꝛc. Aber daneben giebt es noch eine ganze Kategorie anderer Wertarten. Ihre gemeinsame Grundlage bildet die Anschauung, daß der Wert der Güter auf der zu ihrer Erzeugung aufgewendeten Arbeit beruht. Man spricht daher von einer „Arbeitswertlehre" im Gegensatze zu der vorhin erwähnten „Nutzwertlehre".

Zwischen diesen beiden Theorien ist geraume Zeit hindurch erbittert gekämpft worden. Die Arbeitswert-Theorie führt auf Adam Smith zurück und ist bei Karl Marx zur höchsten, freilich auch zur einseitigsten Ausbildung gelangt; die Nutzwerttheorie dagegen ist erst neuerdings namentlich durch die Deutschen Wieser, Neumann, Menger, Böhm-Bawerk u. a. zum Teil ebenfalls übermäßig subtil ausgebildet worden. Daneben giebt es dann noch eine dritte Theorie, welche den Wert sowohl auf die Arbeit, wie auf den Nutzen begründet. Jede dieser drei Theorien hat dann wieder verschiedene Unterarten. Wer sich über den Stand der ganzen Frage vorläufig orientieren will, lese den von Böhm-Bawerk verfaßten Artikel „Wert" im „Handwörterbuch der Staatswissenschaften"; dort findet er auch die wichtigste Litteratur aufgeführt.

Was mich betrifft, so gehöre ich zu denen, welche den Wert der wirtschaftlichen Güter sowohl aus der zu ihrer Produktion aufgewendeten Arbeit wie aus ihrer Brauchbarkeit ableiten, und auch Oettingen hat in seinem Vortrage hinsichtlich des Wertes der wirtschaftlichen Güter seinen Standpunkt ebenso genommen, während er

als Physiker den Wert nur auf die zu seiner Schaffung
verbrauchte Energie gründet. Er hat dann in interessanter
Weise diese wertschaffende Leistung g e t e i l t und hat da=
bei, wenn auch nicht immer gerade für wirtschaftliche
Verhältnisse zutreffend, doch sich in der nämlichen Richtung
bewegt, wie ich es hier thue, wie andere Nationalökonomen
es aber bisher noch so gut wie gar nicht gethan haben.

Nur e i n Nationalökonom ist mir bekannt, der in die
Wertlehre bereits ähnliche Begriffe eingeführt hat, wie
sie mir als nötig erscheinen; das ist der alte K n i e s
K n i e s hat schon im Jahre 1855 in der „Zeitschrift für
die gesamte Staatswissenschaft" am Ende einer langen
Abhandlung über den Wert und ohne eigentlichen Zu=
sammenhang mit seinen sonstigen Theorien den S t o f f =
w e r t, den F o r m w e r t und den O r t s w e r t der Güter
unterschieden. Er hat sogar im Anschlusse hieran schon
die von ihm als „merkwürdig" bezeichnete Thatsache her=
vorgehoben, daß — wie er sich ausdrückt — die drei
großen Produktionskreise materieller Güter: Rohpro=
duktion, gewerbliche Industrie und Handel sich, j e e i n e,
vornehmlich die Erzielung von Stoffwert, Formwert,
Ortswert zur Aufgabe stellen. Thatsächlich hat aber
weder Knies selbst noch meines Wissens ein Späterer
aus seiner ja nur beiläufig hingeworfenen Theorie
Nutzen gezogen. Vielmehr hat man sie noch obendrein
mißverstanden. So sagt z. B. B ö h m = B a w e r k, und
zwar auch nur ganz beiläufig von der Knies'schen
Unterscheidung des Stoff=, Form=, Orts= und Zeitwertes
(den Zeitwert setzt Böhm=Bawerk hier hinzu, Knies kennt
ihn noch nicht): sie gehe davon aus, ob der Wert eines
Gutes v o r z u g s w e i s e auf seinem Stoffe beruht (z. B.
bei Goldmünzen) oder auf seiner Form (z. B. bei Holz=
schnitzereien) oder auf den besonderen Umständen des Orts

(Lebensmittel in einer belagerten Festung) oder der Zeit (frisches Obst im Winter).

Hier ist die ganze Unterscheidung vollends zu einer bedeutungslosen Spielerei mit Worten herabgesunken; aber auch Knies hat ihre Bedeutung nicht ausreichend erkannt und nur äußerlich begründet.

Knies sieht das Wesen jener Unterscheidung in gewissen Eigenschaften der Güter, beim Stoffwert in ihren physikalischen und chemischen, beim Formwert in ihren äußeren Eigenschaften, also in ihrer Größe, Schönheit, Handlichkeit rc. Dieses Merkmal läßt uns aber sofort im Stich, wenn wir ernsthaft daran gehen, nach ihm eine Scheidelinie zwischen Urproduktion und Gewerbe zu ziehen; vollends beim Ortswert kann von einer besonderen Eigenschaft der Güter als wertbildend nicht mehr die Rede sein.

Dagegen erblicke ich den Unterschied zwischen jenen Wertarten in den nämlichen Momenten, welche meiner Ueberzeugung nach das Wesen aller Wertkategorien ausmachen, nämlich erstens in der wertschaffenden Leistung und zweitens in ihrer Verwendbarkeit für menschliche Zwecke.

So beruht, um zum Schlusse auf unser Thema zurückzukommen, der Ortswert eines Gutes darauf, daß es an dem einen Orte gebraucht wird, dagegen an einem anderen Orte in der erforderlichen Menge und Beschaffenheit vorhanden ist. Indem der Handel diesen aus der Natur hervorgehenden Mangel ergänzt, wirkt er wertschaffend: er erzeugt in dem Gute, das schon einen aus seiner Menge und einen aus seiner Beschaffenheit hervorgehenden Wert besitzt, einen neuen Wert, den Ortswert, dessen Höhe abhängt einerseits von dem

Maße der darauf verwendeten Leistung, andererseits von dem Grade des Bedarfs an solchen Leistungen.

Seit Entstehung des Tauschverkehrs ist der hier in Frage stehende Wert ein Tauschwert, und seit Entstehung fester berufsmäßiger Arbeitsteilung wird die Höhe des Ortswertes bestimmt einerseits von dem Maße der durchschnittlich nötigen Arbeitsleistung, andererseits von dem Bedarf der Gesamtheit an solchen Leistungen.

Diese wenigen Sätze enthalten, wie ich glaube, alles Nötige, um die wertschaffende Bedeutung des Handels zu kennzeichnen. Das nächste Mal wird es nun meine Aufgabe sein zu zeigen, wie der Handel die ihm dadurch erwachsende Aufgabe thatsächlich erfüllt.

—

III.

Die Praxis des Handels.

Meine bisherigen Ausführungen richteten sich gegen die Unklarheit, welche in der Theorie hinsichtlich der Produktivität des Handels noch herrscht; demgegenüber habe ich Ihnen meine Ansicht von der produktiven Aufgabe des Handels vorgetragen, und zwar habe ich diese dahin definirt, daß der Handel die örtliche Güterknappheit der Natur zu überwinden hat. Aber damit habe ich das Ziel meiner Vorträge noch nicht erreicht; vielmehr müssen wir nun auch wissen, wie der Handel seine Aufgabe erfüllt, wie er jene örtliche Güterknappheit der Natur überwindet, und welche Wirkungen hieraus für das wirtschaftliche Leben hervorgehen. Mit anderen Worten: von der Theorie müssen wir zur Praxis des Handels übergehen.

Dabei kommen wir zu Fragen von so tief- und weitreichender Bedeutung, daß ich über sie recht wohl zehn Stunden und mehr sprechen könnte, während ich deren nur noch 1—2 zur Verfügung habe. Ich muß mich also noch weit mehr als bisher auf die Erörterung einzelner Hauptpunkte beschränken.

Gleich der Urproduktion, dem Gewerbe und der Spekulation ist auch der Handel sowohl eine Erwerbs-, wie

eine Produktionsart, d. h. er ist erstens eine besondere Art der Erlangung von Verfügungsgewalt über
wirtschaftliche Güter, und er ist zweitens eine besonders
geartete Ueberwindung der natürlichen Güterknappheit.

Das Verhältnis des Erwerbs zur Produktion ist uns
schon bekannt: Für die einzelne Wirtschaft ist die Produktion lediglich das wichtigste Mittel des Erwerbs. „Im
Paradiese" verließ sich der Mensch auf die Produktion
der Natur; seine „Vertreibung aus dem Paradiese" zwang
ihn selbst zu produziren; nach Entstehung des Tauschverkehres produzirte der eine für den anderen; endlich
seit Ausbildung fester Arbeitsteilung wird die Produktion
von einzelnen Erwerbszweigen im Dienste der Gesamtheit, der Volkswirtschaft, ausgeübt, und daher ist
der Erwerb auch ein Objekt der Volkswirtschaftslehre,
soweit er eben den Zwecken der Gesamtheit dient; was
unterhalb dieser Grenze liegt, hat keine Bedeutung für
unsere Wissenschaft.

Der Erwerb steht seinerseits im Dienste jenes
mächtigen menschlichen Triebes, den man Selbster-
haltungstrieb nennt: Die Natur hat dem Menschen
den Trieb eingepflanzt, alle seine Bedürfnisse, für deren
Befriedigung sie nicht schon selbst sorgt, aus eigener
Entschließung zu befriedigen. Soweit dieser Selbst-
erhaltungstrieb zur Erreichung seines Zweckes des Erwerbs wirtschaftlicher Güter bedarf, nennen wir ihn
Erwerbstrieb oder wirtschaftliches Selbstinteresse.

Will der Erwerbstrieb seinen Zweck erreichen, so muß
er, gleich anderen menschlichen Trieben, an den Willen
appelliren, und der Wille muß den Verstand in seinen
Dienst nehmen, um zu ermitteln, wie der Erwerb zu vollziehen ist, um ferner die hierfür nötigen Kenntnisse,

Fertigkeiten und Werkzeuge zu erlangen, und um endlich diese Fertigkeiten und Werkzeuge in der Erwerbsarbeit solange anzuwenden, bis der Erwerb geglückt ist. Der Mechanismus des Erwerbs besteht also aus folgenden einfachen Bestandteilen: aus dem Erwerbstriebe als Motor, der seine Bewegung auf den Willen überträgt, aus dem Verstand, der sie für den besonderen Zweck nutzbar macht, endlich aus den Kenntnissen, Fertigkeiten und Werkzeugen, mit denen der Zweck erreicht wird, und die wir einstweilen als „Erwerbsmacht" zusammenfassen wollen.

Diese Bestandteile sind bei jeder Erwerbsthätigkeit vorhanden, bei der rohesten wie bei der höchstentwickelten; aber sie sind in sehr verschiedenem Maße vorhanden. Es ist der große Fehler der älteren englischen Volkswirtschaftslehre, daß sie dies verkannte, daß sie Selbstinteresse, Willen, Verstand und Erwerbsmacht als gegebene, überall und immer gleiche Größen behandelte, während sie thatsächlich in hohem Grade der Veränderung, und zwar sowohl der Steigerung wie der Minderung unterliegen. Die neuere deutsche Volkswirtschaftslehre hat dies erkannt und ist beschäftigt, ihre Erkenntnis nutzbar zu machen.

Auch ich muß es für eine meiner Hauptaufgaben erachten, zu untersuchen, wie jene Bestandteile beim Handel beschaffen sind.

Ich beginne mit dem Selbstinteresse. Wir wissen, daß die wirtschaftliche Produktion stets vom Selbstinteresse geleitet wird. Das gilt von der Urproduktion, vom Gewerbe, vom Handel und von der Spekulation, wie von ihren Unterarten; sie alle dienen als Erwerbsarten zunächst nur dem Selbstinteresse; indem dieses seine Befriedigung findet, wirken sie auch als Produktionsarten für die Gesamtheit. Aber dem Selbstinteresse ist diese produktive Aufgabe gleichgiltig; es strebt lediglich nach

seiner eigenen Befriedigung. Daher kann es vorkommen,
daß das Selbstinteresse im einzelnen Falle ohne Pro=
duktion befriedigt wird, es kann noch häufiger vorkommen,
daß der produktive Erfolg nicht demjenigen der Erwerbs=
thätigkeit entspricht, und es ist sogar denkbar, daß eine
ganze Produktionsart sich auf Kosten der Gesamtheit be=
reichert, indem sie einen höheren Entgelt für ihre pro=
duktiven Leistungen einstreicht, als ihr für diese Leistungen
zukommt.

Das scheint allerdings dem Resultate des letzten Vor=
trages zu widersprechen; denn danach wird der Tausch=
wert der Handelsthätigkeit, den wir als Ortswert be=
zeichnet haben, gleich allen anderen Wertarten bestimmt
einerseits von dem Maße der aufgewendeten Leistung,
andererseits von dem Maße des Bedarfs der Gesamt=
heit an solchen Leistungen. Damit ist doch scheinbar un=
abänderlich der Maßstab des gerechten Entgelts für die
Handelsthätigkeit gegeben. Aber jener Satz geht eben
aus von der Annahme, daß die Kräfte, durch welche der
Erwerb zustande kommt — Selbstinteresse, Wille, Verstand,
Erwerbsmacht — überall und immer die gleichen sind,
was keineswegs zutrifft. Wie nun, wenn sich herausstellen
sollte, daß ein ganzer Erwerbszweig ein ungewöhnlich
hohes Selbstinteresse besitzt? Wäre es dann nicht auch
sehr wohl möglich, daß der Handel in der That ein „vor=
zugsweise egoistisches Gewerbe", daß sein Selbstinteresse
durchschnittlich stärker ist als dasjenige von Urproduktion
und Gewerbe?

Suchen wir zunächst Klarheit darüber zu gewinnen,
was mit jenem Vorwurfe eigentlich gemeint ist.

Das Selbstinteresse treibt den Menschen an, einen un=
aufhörlichen Kampf mit der natürlichen Güterknappheit
zu führen; aber dieser Kampf mit der äußeren Natur ist

nicht der einzige, den der Mensch ausfechten muß, um
Güter zu erwerben; denn die Menge der Güter, die durch
ihn erworben werden kann, ist im Verhältnis zur Menge
der Bedürfnisse meist eine beschränkte. Deshalb entsteht
in der Regel noch ein weiterer Kampf mit anderen
Menschen, und zwar zunächst in der Form des Kon-
kurrenzkampfes. Dazu kommt nach Entstehung des
Tauschverkehres die zweite Form des wirtschaftlichen
Kampfes unter den Menschen, der Preiskampf.

Die Produktion wirtschaftlicher Güter bringt also jetzt
regelmäßig sowohl einen Kampf mit der äußeren Natur,
wie einen Kampf unter den produzirenden Menschen mit
sich, und der letztere Kampf nimmt zwei Gestalten an, die
des Konkurrenz= und die des Preiskampfes.

Es besteht aber der wichtige Unterschied zwischen diesen
verschiedenen Kampfarten, daß unmittelbar nur der
Kampf mit der äußeren Natur produktiv ist, während
Konkurrenz= und Preiskampf zunächst lediglich im Dienste
des Erwerbes geführt werden und nur indirekt, als
Stachel, fördernd auf die Produktion einwirken.

Daraus ergiebt sich ferner, daß der Kampf mit der
äußeren Natur die Gütermenge, welche auf den einzelnen
Produzenten entfällt, vergrößert, daß dagegen Konkurrenz=
und Preiskampf diese Quote zunächst verringert, und
erst indirekt, nämlich durch erneute Zunahme der Pro=
duktion, wieder steigert.

Das ist der Grund, warum man, wenn vom Selbst=
interesse oder — wie mißbräuchlich oft geschieht — vom
„Egoismus", d. h. vom übertriebenen Selbstinteresse die
Rede ist, regelmäßig nur an den Konkurrenz= und Preis=
kampf denkt, nicht auch an den eigentlichen Produktions=
kampf.

Nun bringt es das Wesen des Handels mit sich, daß

Konkurrenz- und Preiskampf bei ihm weit größere Bedeutung für den Erfolg der Produktion haben, als bei Urproduktion und Gewerbe. Das Wesen der Urproduktion ist es, daß sie der Natur die zur Bedürfnisbefriedigung nötigen Gütermengen abgewinnt, das Wesen des Gewerbes besteht darin, daß es die Beschaffenheit dieser Gütermengen, dem Bedürfnisse entsprechend ändert. Dagegen besteht das Wesen des Handels darin, daß er die Güter nach dem Orte schickt, wo sie gebraucht werden. Diese produktive Aufgabe des Handels ist stets untrennbar verknüpft mit dem Kauf und Wiederverkauf der Güter; sie ist ferner nur durchzuführen durch jene örtliche Konzentration von Angebot und Nachfrage, welche man „Marktbildung" nennt. Beides gehört zum innersten Wesen des Handels.

Natürlich müssen auch Urproduktion und Gewerbe in der auf Tauschverkehr beruhenden Volkswirtschaft zum Betriebe ihrer Produktion viele Dinge kaufen und alle ihre Produkte verkaufen. Ebenso konkurrieren selbstverständlich auch die Urproduzenten und Gewerbetreibenden untereinander. Aber diese Konkurrenz ist in der Regel keine so scharfe und namentlich nicht eine so unmittelbare wie beim Handel; Kauf und Verkauf sind nicht wie beim Handel untrennbar mit dem Wesen der Produktion verknüpft, sondern erst eine Folge des Tauschverkehres, während der Handel überhaupt erst durch diesen entstanden ist, dann aber die Marktbildung selbständig, ohne Hilfe von Urproduktion und Gewerbe bewirkt hat.

Konkurrenz- und Preiskampf von Urproduktion und Gewerbe werden in der heutigen Volkswirtschaft regelmäßig überhaupt erst durch Vermittelung des Handels, im Gedränge des Marktes äußerlich sichtbar. Deshalb hat es auch den Anschein, als ob die vernichtende Rückwirkung dieser Kämpfe auf die Schwächeren unter den Ackerbauern und Industriellen nur durch den Markt und den ihn bildenden Handel veranlaßt wird, während thatsächlich zum großen Teile andere, außerhalb des Handels liegende Faktoren (die Produktionsbedingungen von Ackerbau und Gewerbe selbst) die Hauptursachen jener vernichtenden Rückwirkung bilden, und diese Ursachen nur erst durch Vermittelung des Handels wirksam werden.

Möglichst weitgehende Steigerung des Konkurrenz- und des Preiskampfes ist das eigentliche Wesen der Markt- bildung. Durch diesen unerbittlichen Konkurrenz- und Preiskampf des Marktes wird das Selbstinteresse des einzelnen Kaufmanns unaufhörlich zur schärfsten An- spannung aller Kräfte angespornt, während bei der Ur- produktion und beim Gewerbe diese Wirkung sich bei weitem nicht so scharf, nicht so unmittelbar äußert.

Je vollkommener die Marktbildung, desto stärker auch die Ausbildung von Konkurrenz- und Preiskampf. Und da eine möglichst vollkommene Marktbildung das wichtigste Mittel zur Erreichung der produktiven Aufgabe des Han- dels ist, so enthält diese Aufgabe selbst schon einen Zwang zur intensivsten Entwickelung des Preis- und Konkurrenz kampfes, zur besonders kräftigen Aeußerung des Selbst- interesses.

Damit soll aber natürlich keineswegs gesagt werden, daß diese scharfe Entwickelung des Preis- und Konkurrenz- kampfes dem Kaufmanne einen Freibrief giebt zu j e d e r b e l i e b i g e n Aeußerung des Egoismus, daß es eine be- sondere „H a n d e l s m o r a l" giebt, und was dergleichen landläufige Verläumdungen des Handels mehr sind. Im Gegenteil, gerade weil für den Kaufmann der v o n a u ß e n k o m m e n d e A n t r i e b zur kräftigen Geltendmachung des Selbstinteresses ungewöhnlich groß ist, deshalb bedarf er auch umsomehr des Gegengewichtes in der eigenen

Brust, das ihm von zu weitgehender Geltendmachung dieses Selbstinteresses zurückhält. Der Beruf eines Kauf- mannes bedarf in besonders hohem Grade gefestigter Charaktere, wie sie glücklicherweise unser deutscher Handels- stand zahlreicher enthält, als der irgend eines anderen Volkes. Aber er bedarf auch zur Lösung seiner produktiven Aufgabe eines kräftigen Selbstinteresses, und es wäre ver- kehrt, ihm aus dem Besitze dieser Eigenschaft einen Vor- wurf zu machen.

Ob das Selbstinteresse des Handels thatsächlich größer ist als dasjenige anderer Produktionsarten, bleibt eine offene Frage, und könnte man selbst nachweisen, daß sie bejaht werden muß, so würde damit noch keineswegs be- wiesen sein, daß der Handel vermöge seines höheren Selbst- interesses für seine Leistungen von der Gesamtheit einen verhältnismäßig höheren Entgelt erlangt, als andere Produktionsarten, daß der Handel, wie die oft gehörte Behauptung lautet, „zu viel verdient"; auch diese Be- hauptung kann einstweilen weder als richtig noch als un- richtig erwiesen werden.

Das muß zunächst genügen, um die Bedeutung des Selbstinteresses im Handel zu charakterisieren. Noch weit kürzer müssen wir uns fassen bei der Besprechung des nächsten Teiles im Organismus des Erwerbslebens, bei Besprechung des menschlichen Willens.

Da das Selbstinteresse nur durch din Willen eine Wirkung ausüben kann, ist dessen Aeußerung untrennbar mit demjenigen des Selbstinteresses verknüpft; zwar wirken auf den Willen noch andere Motive aller Art (Nächsten- liebe, Gerechtigkeitssinn, Vaterlandsliebe u. s. w.); aber im Erwerbsleben tritt der Wille regelmäßig vorzugsweise in den Dienst des Selbstinteresses, und nur insoweit dies geschieht, kommt es zu Erwerbsakten. Deshalb gilt das-

jenige, was ich vom Selbstinteresse gesagt habe, auch vom
Willen: auch er steht beim Handel unter dem hohen
Drucke eines außerordentlich scharfen Konkurrenz= und
Preiskampfes. Daher muß der Kaufmann mehr als der
Ackerbauer und der Gewerbetreibende ein Mann von
hohem Unternehmungsgeiste sein, und es giebt überhaupt
nur e i n e Erwerbsthätigkeit, welche diese Eigenschaft in
noch höherem Grade erheischt, das ist die Spekulation.
Zu viel Unternehmungsgeist ist freilich auch für den
Kaufmann vom Uebel, und wie beim Selbstinteresse muß
auch beim Willen ein starkes Gegengewicht vorhanden
sein: die Besonnenheit. Das richtige Verhältnis von
Unternehmungsgeist und Besonnenheit ist eins der wich=
tigsten Erfordernisse des tüchtigen Kaufmannes. Es muß
im wesentlichen angeboren sein, kann aber durch Erziehung
und Erfahrung ganz bedeutend vervollkommnet werden.

Hier haben wir es mit einer Eigenschaft zu thun,
welche die Engländer in höherem Grade besitzen als unser
deutsches Volk. Die heutigen Engländer sind hervorge=
gangen aus Blutmischungen von Kelten und Romanen
mit Germanen. Kelten und Romanen sind Völkerschaften
mit viel Unternehmungsgeist, aber geringer Besonnenheit.
Die Germanen dagegen haben hiervon zuviel mitbe=
kommen; ihnen fehlt es wieder etwas an der raschen Ent=
schlußfähigkeit. Erst die Blutmischung aus beiden Ele=
menten hat ein für den Handel hervorragend geeignetes
Volk erzeugt. Aehnliche Blutmischungen waren auch hier
in Hamburg nötig, um den hamburger Handelsgeist zu
entwickeln; denn die niederdeutsche Volksart enthält zwar
eine kräftige Dosis des zur S e e s c h i f f a h r t nötigen
physischen Wagemutes, ist aber andererseits den zum
H a n d e l erforderlichen raschen Entschlüssen und neuen
Bahnen besonders abgeneigt. Diese Abneigung ist auch

im Charakter der Hamburger Kaufmannschaft noch deut=
lich zu spüren, sie bildet hier aber nur den nötigen Regu=
lator eines Unternehmungsgeistes, der jedenfalls durch
fremdes Blut ganz wesentlich befördert worden ist.

Mit diesen wenigen aphoristischen Bemerkungen über
die Rolle des Willens im Handel muß ich mich begnügen;
denn noch liegt als Hauptteil meines heutigen Pensums
die Frage vor mir, wie denn nun eigentlich der mensch=
liche Verstand unter dem Antriebe von Selbstinteresse
und Willen die produktive Aufgabe des Handels bewältigt.
Um die Beantwortung dieser Frage zu ermöglichen, will
ich zunächst kurz zwei Entwickelungsstadien des Handels=
verkehres schildern, nämlich den Beginn des berufs=
mäßigen Handels und das jetzige Stadium seiner Ent=
wickelung.

Die ersten berufsmäßigen Händler, von denen die
Geschichte berichtet, waren die Phönicier, die Be=
wohner eines schmalen Küstenstriches im Hintergrunde
des Mittelmeeres, ziemlich genau im Mittelpunkte der
den Alten bekannten Welt, die von Indien bis Britannien
reichte. Diese Lage genügt schon, um die Entstehung
eines blühenden Handels in Phönicien zu erklären.
Wenn dessen Bewohner etwa ursprünglich keine natürliche
Veranlagung für den Handel besaßen, mußten sich dort
allmählich die für den Handel veranlagtesten Personen
ansiedeln.

Wie betrieben nun die Phönicier ihren Handel? Ich
kann mich hier hauptsächlich auf die Schilderung stützen,
die O. Schrader in seinem ausgezeichneten Werke „Lin=
guistisch-historische Forschungen zur Handelsgeschichte und
Warenkunde" von dem Verkehre der Phönicier zur Zeit

des homerischen Epos entworfen hat und zwar vorzugsweise auf Grund eben dieser homerischen Gesänge ¹).

„Mit unzähligem Tand beladen" — schon das ist ein
homerischer Ausdruck — landete das phönicische Schiff
am griechischen Gestade, wo es lag, bis der Austausch der
Waren vollendet war, zuweilen ein ganzes Jahr. Nachdem die Gunst des Königs durch reiche Geschenke erkauft
war, wurden alsbald die mitgebrachten Waren am Ufer,
gewöhnlich wohl unter Zelten, zum Verkauf ausgebreitet;
nicht selten aber gingen die schlauen phönicischen Händler
auch selbst in die umliegenden Ortschaften, um ungefähr
in der Art unserer Hausirer, ihre Waren feilzubieten.
Dann drängten sich namentlich die Weiber, Herrin wie
Sklavin, gierig um den fremden Mann, das noch nie ge-
sehene Kleinod mit den Händen befühlend. Oftmals
wurde die Ware auf solche Weise untersucht. Noch nicht
vermittelte die Sprache den Verkehr: Der Käufer zeigte
dem Kaufmann seine Gegengabe und dieser, nachdem er
die Ware ebenfalls genau untersucht hatte, gab entweder
durch Nicken des Kopfes sein Einverständnis oder durch
eine andere Pantomime seine Ablehnung schweigend zu
erkennen, worauf der Andere sein Angebot an Vieh, Getreide, Häuten u. dergl. erhöhte, bis er das ersehnte
Purpurgewand, Elfenbein oder Bernsteingerät sein Eigen
nennen konnte. Auch auf das Schiff selbst wagten sich
wohl die Weiber in übergroßer Neugier, und dann bot
sich für den Fremden die willkommene Gelegenheit, durch

---

1) Sehr lesenswert sind auch die geistvollen, an aktuellen Ver-
gleichspunkten reichen Ausführungen von Dr. Alexander Peez
über „Alt- und Neu-Phönicier" in der unter dem Titel „Zur
neuesten Handelspolitik" (Wien 1895) erschienenen Sammlung seiner
Abhandlungen.

Lichten des Ankers auf die billigste Weise in den Besitz ihres wertvollsten Handelsgegenstandes, griechischer Sklavinnen, zu gelangen. Die phönicischen Händler gingen noch selbst mit dem eigenen Schiffe auf die Reise. So reisten sie von Ort zu Ort bis nach den atlantischen Küsten Afrikas und bis Britannien. Höchstens einmal jährlich kamen sie nach Hause, oft blieben sie viele Jahre lang, wohl gar ihr ganzes Leben hindurch fort, überall feilschend und raubend, überall aber auch Bedürfnisse weckend und befriedigend.

Soviel von dem altphönicischen Handelsbetriebe. Und nun muß ich Sie mit einem kühnen Schwunge an unsere Hamburger Börse versetzen. Auch für Hamburg ist seine Lage im Hintergrunde der Nordsee, an demjenigen Punkte der mächtigen schiffbaren Elbe, bis wohin Flut und Ebbe noch kräftig wirken, von grund= legender Bedeutung. Diese Lage bestimmt in erster Linie den Charakter der Hamburger Bevölkerung: würde hier nicht schon seit unvordenklichen Zeiten eine handeltrei= bende Bevölkerung wohnen, so müßte sich künftig unsehl= bar eine solche hier ansiedeln, und die jetzige Bewohner= schaft muß mit ebensolcher Sicherheit immer neuen Zu= fluß von Elementen erhalten, die gewillt und befähigt sind, Handel zu treiben.

Nachdem sich aber einmal unter dem entscheidenden Einflusse solcher Naturthatsachen hier eine berufsmäßige Handelsthätigkeit gebildet hatte, sorgten deren Träger schon selbst für ihre weitere Ausbildung. Was thaten sie zu dem Zwecke, was bemerken wir jetzt an der Hamburger Börse?

Wir sehen da eine Versammlung von 5000—6000 Men= schen, hauptsächlich von Kaufleuten und Hilfspersonen des Handels, die täglich eine Stunde zusammenkommen, um Handelsgeschäfte abzuschließen oder sonstige für ihre Erwerbsthätigkeit wesentliche Dinge miteinander zu besprechen. Aber man sieht keine Waren, höchstens einzelne Warenproben. Die Waren selbst, über die verhandelt wird, lagern im Speicher am Hafen oder in einer anderen Stadt, etwa in Antwerpen oder in New York, oder sie schwimmen grade auf dem Meere, oder sie befinden sich noch im Produktionslande, oder endlich sie existiren überhaupt noch gar nicht. Trotzdem kennt jeder Börsenbesucher die Beschaffenheit der Ware, die er zu liefern und zu empfangen hat. Die Kaufleute verhandeln über ihre Geschäfte miteinander meist durch Vermittelung der Makler; die Thätigkeit der Makler aber beschränkt sich im wesentlichen auf die Vereinbarung des Kaufpreises, dessen Qualität ebenfalls allgemein bekannt und zweifellos ist: es ist stets Mark deutscher Reichswährung gemeint. Durch wenige Worte, bestätigt durch eine kurze Notiz im Börsenbuche, kommen so Geschäfte über Millionen zustande. Von entscheidendem Einflusse sind dafür die Briefe, die der Kaufmann in seinem Kontore am Morgen eröffnet hat, die Telegramme, die ihm vor und während der Börsenzeit aus allen Weltgegenden zugehen; denn Briefe und Telegramme enthalten Aufträge und Angebote für Börsengeschäfte, Mitteilungen über Geschäftsabschlüsse und Nachrichten aller Art, darunter besonders solche über die Preise anderer Börsenplätze. Auf Grund dieses unausgesetzten Stromes von Mitteilungen betreibt der heutige Großkaufmann sein Geschäft, ohne sein Kontor und seinen Börsenstand zu verlassen.

Wenn man den Zustand des alt-phönicischen Handels mit dem des heutigen hamburgischen Handels vergleicht, so ergeben sich gewisse gemeinsame Grundzüge, aber auch wesentliche Unterschiede. Jene müssen die charakteristischen

Eigenschaften aller Handelsthätigkeit sein, diese dagegen müssen uns die Richtung angeben, nach der die Ent= wickelung des Handels hinstrebt.

Wie geht jeder Kaufmann zu Werke, wenn er sein Geschäft betreiben will? Zunächst muß er ermitteln, wo und von wem Waren bestimmter Beschaffenheit am bil= ligsten zu kaufen, wo und an wen sie am teuersten zu verkaufen sind. Ferner muß er die besten und billigsten Transportwege, die Transport= und alle sonstigen Kosten ermitteln. Sodann muß er das Risiko seines Geschäftes veranschlagen, und erst, wenn er auf Grund dieser Kal= kulation genügenden Nutzen erhoffen darf, schreitet er zur Ausführung des Geschäftes, d. h. er kauft die Ware, er sorgt für ihren Transport und endlich verkauft er sie wieder.

Das ist die einfache Urform jeder Handelsthätigkeit; sie zerfällt, wie alle Verstandesthätigkeit, in zwei scharf voneinander gesonderte Teile, in das Stadium des Pro= jekts und in das seiner Ausführung. Das Projekt bedarf gewisser Kenntnisse, seine Ausführung dagegen be= darf gewisser Fertigkeiten und Werkzeuge. Wer die zum Betriebe des Handels nötigen Kenntnisse, Fertigkeiten und Werkzeuge besitzt, der verfügt über die für diese Er= werbsart erforderliche „Erwerbsmacht".

Die Kenntnisse, welche jeder Kaufmann besitzen muß, sind: Kenntnis der Bezugsquellen und Absatzkreise, der Menschen, mit denen der Kaufmann zu thun hat, insbesondere ihrer Bedürfnisse, ferner Kenntnis der Waren, der Maße, Gewichte, Zahlungsmittel, sodann Kenntnis der Transportwege und Transportmittel; end= lich kann auch kein kaufmännisches Geschäft betrieben werden ohne die Kenntnis des Schreibens und Rechnens: man weiß, welche bedeutsame Rolle die Phönicier in der

Entwickelung der Schrift und der Zahlen gespielt haben;
aus diesen muß schon frühzeitig die Buchführung erwachsen sein, die auch noch zu den elementaren Erfordernissen des Handels gehört; denn bei ihm bilden Ordnung und Uebersicht Grundbedingungen jedes Erfolges:
ein Gewerbtreibender kann möglicherweise ausschließlich
durch hervorragendes technisches Geschick vorwärts kommen; ein Kaufmann, der nicht ordentlich Buch führt, ist
unter allen Umständen verloren.

Schreiben, Rechnen, Buchführung leiten schon hin-
über zu der zweiten Kategorie von Erfordernissen jeder
Handelsthätigkeit, zu den Fertigkeiten. Ueberhaupt lassen
sich ja diese von den Kenntnissen nicht scharf trennen;
Alle jene Kenntnisse müssen durch die Praxis sich in Fertigkeiten verwandeln d. h. man muß sie in jedem Augenblicke beim Erfordern zum Erwerbszweck anwenden
können, wenn sie von Nutzen sein sollen. Es geht damit
wie mit dem Drill des Soldaten; aber wie dieser den
gut Vorgebildeten schon in einem Jahre in Fleisch und
Blut übergeht, den Ungebildeten erst in drei Jahren, so
verhält es sich auch mit der Handelspraxis; und wie
ferner die Offiziere in der Regel nur kurze Zeit als Ge-
meine dienen, dagegen sich eine Menge anderer Kenntnisse aneignen müssen, die für die Masse der Soldaten
ganz überflüssig sind, so bedürfen auch die führende Gei-
ster im Handel einer speciellen Vorbildung, auf die
ich indes hier nicht eingehen kann.

Zu den für den Betrieb des Handels nötigen Fertigkeiten gehört also zunächst die Kunst, alle die auf-
geführten Kenntnisse praktisch anzuwenden. Aber der
Kaufmann bedarf noch einer weiteren höchst wesentlichen
Fertigkeit, derjenigen nämlich, möglichst billig zu kaufen
und möglichst teuer zu verkaufen, der Fertigkeit, welche

durch das Sprichwort „Fordern und Bieten machen den
Kauf" gekennzeichnet wird. Es ist die Kunst der Preis=
bildung, mit der wir es hier zu thun haben. Kein
guter Kaufmann spielt im Preiskampf sofort seine letzte
Karte aus. Wir wissen ja, daß der Preiskampf un=
trennbar mit der produktiven Aufgabe des Handels ver=
knüpft ist, und wir wissen auch, daß hierin für den
Handel ein Zwang zur besonders kräftigen Aeußerung
des Selbstinteresses liegt. Wenn der Verstand unter
diesem Antriebe in Thätigkeit tritt, so muß auch er,
gleich dem Willen, sich besonders anstrengen. Das Resultat
ist nichts anderes wie die vollkommenste Anwendung des
„Wirtschaftlichen Prinzipes", die zweckmäßigste Thätigkeit
des Verstandes im Dienste des Selbstinteresses. Ein be=
sonders hohes Maß von Wirtschaftlichkeit gehört
zu den notwendigen Erfordernissen jeder Handels=
thätigkeit.

Und nun zu den Werkzeugen des Handels. Eben=
sowenig wie der Ackerbauer, trotz aller Kenntnisse und
Fertigkeiten in der Landwirtschaft, eine selbständige Er=
werbsunternehmung betreiben kann ohne Grund und
Boden, Haus und Hof, Pflug und Egge, der Gewerbtrei=
bende nicht ohne die Werkstatt, und ohne alle die Werk=
zeuge und Maschinen, deren er zum Betriebe seines Ge=
werbes bedarf, ebenso machtlos ist auch der Kaufmann
ohne solche Werkzeuge, ohne Kapital, um endlich den
üblichen Ausdruck zu gebrauchen, den Sie natürlich schon
längst erwartet haben; aber die Beschaffenheit des Ka=
pitals ist beim Kaufmann eine andere wie beim Urprodu=
zenten und Gewerbetreibenden.

Zwar bedarf auch der Kaufmann, gleich den Ange=
hörigen jener anderen Produktionszweige in der Regel
einer Betriebsstätte; aber ihre Bedeutung für den Han=

delsbetrieb ist im Laufe der Entwickelung derart gesunken
daß wir im Zweifel sein können, ob sie überhaupt noch
eine erhebliche Rolle spielt: Das heutige Kaufmanns=
kontor mit seinem Inventar bildet nur noch einen äußerst
minimalen Teil des Kapitals, dessen der Kaufmann be=
darf. Weitere Teile — Speicher, Transportmittel, Hafen=
anlagen, Börsen 2c. — braucht er überhaupt nicht mehr
selbst zu beschaffen; hierauf wird zurückzukommen
sein. Aber es giebt andere Werkzeuge, deren der Kauf=
mann von jeher bedurft hat und stets im größten Um=
fange bedürfen wird, in weit höherem Grade als Ur=
produktion und Gewerbe; wir nennen sie Geld und
Kredit.

Das Hauptkapital des Ackerbauers und des Indu=
striellen besteht regelmäßig aus solchen Dingen, welche
bei der Produktion nur mit ihrer Nutzung und einer
Amortisationsquote zur Verwendung gelangen, aus
fixem Kapital, wie die Wissenschaft es ausdrückt, im
wesentlichen also aus unbeweglichen Dingen. Dagegen
ist das Kapital des Kaufmanns größtenteils umlau=
fendes, d. h. solches Kapital, das bei der Produktion
gänzlich verwendet wird. Dieses Kapital besteht zunächst
aus Geld, eigenem oder fremdem: „Kredit". Es wird
beim Betriebe des Handels so rasch wie möglich in
Waren verwandelt, aber auch immer so rasch wie mög=
lich in Geld zurückverwandelt, womit die Produktion,
der „Umsatz" beendigt ist.

Das Geld ist keine Erfindung des Handels; viel=
mehr bestanden primitive Mittel, um Werte zu messen
und für den Tausch zu konserviren, in der Regel jeden=
falls schon vor Entstehung des berufsmäßigen Handels;
aber wie dieser sich niemals ohne Geld entwickeln konnte,
so hat auch dessen Ausbildung von jeher unter der

entscheidenden Einwirkung des Handels stattgefunden. Das Gleiche gilt vom Kredit; denn der rasche Umsatz, der dem innersten Wesen des Handels entspricht, ist undenkbar ohne eine Benutzung des Kredits, wie sie Urproduktion und Gewerbe nicht entfernt in gleichem Maße nötig haben. Daher gehört auch Ehrlichkeit in der Er= füllung wirtschaftlicher Verpflichtungen zu den elemen- tarsten Erfordernissen jedes Handelsbetriebes.

Als solche Erfordernisse haben wir bisher die folgen= den ermittelt: Jeder Kaufmann bedarf zum Betriebe seiner Berufsthätigkeit eines besonders kräftigen, aber durch Rücksicht auf die Interessen Anderer gemäßigten Selbstinteresses, eines besonders stark entwickelten, doch durch Besonnenheit gezügelten Unternehmungsgeistes; er bedarf in besonders hohem Grade der Ordnung, der Wirtschaftlichkeit, der Ehrlichkeit in Erfüllung aller Ver= pflichtungen, ferner bedarf er gewisser Kenntnisse (Schreiben, Rechnen, Buchführung u. s. w.), Fertigkeiten (Anwendung jener Kenntnisse, Kunst der Preisbildung) und Werk= zeuge (namentlich Geld und Kredit). Sind das nun wirklich alle Grunderfordernisse jeder Handelsthätig= keit? Diese Frage ist zu verneinen: noch ist ein solches Grunderfordernis übrig und zwar ein besonders wichtiges.

Dasjenige, was ich hier im Auge habe, pflegt man gewöhnlich „Glück" zu nennen, worunter man alle für den Erfolg jeder menschlichen Thätigkeit bedeutsamen Umstände zusammenfaßt, deren Einwirkung vom mensch= lichen Willen unabhängig ist. Im Handel ist die Summe dieser der Willensthätigkeit unzugänglichen Umstände durch- schnittlich größer als bei Urproduktion und Gewerbe, die zwar in höherem Grade als der Handel unter dem Ein= flusse meisterloser Naturkräfte stehen, dafür aber nicht

im gleichen Maße von unberechenbaren sozialen Fak=
toren beherrscht werden. Da es nun das Wesen aller
wirtschaftlichen Entwickelung ist, daß sie den Menschen
einerseits unabhängiger macht von der Natur, ihn dafür
aber in um so größere Abhängigkeit von anderen Teilen
der menschlichen Gesellschaft verstrickt, so muß der Handel
notwendigerweise in besonders hohem Maße von solchen
Umständen abhängen, die man wohl auch als „zufällige"
bezeichnet, weil sie sich der Einwirkung des Willens ent=
ziehen.

Der Kaufmann hat das von jeher wohl gewußt. In
alter Zeit standen über allen Handelsbriefen und sonstigen
Handlungspapieren die Worte „Laus Deo" (Dem Herrn
sei Lob!), und noch jetzt ist wohl jedem Handlungsbuche,
wenigstens in Deutschland, der Spruch vorgedruckt: „Mit
Gott". Was ist dies anderes, wie die Anerkennung der
Thatsache, daß die Arbeit des Kaufmannes zum Gelingen
in besonderen Maße des Schutzes jener unerforschlichen
Macht bedarf, die er nicht meistern, zu der er nur beten
kann!

Scheinbar selbstverständlich sind alle diese Erörte=
rungen, und doch könnte fast jeder einzelne Satz zum
Gegenstande einer besonderen, tiefreichenden und für das
Verständniß des Handels fruchtbaren Abhandlung ge=
macht werden. Wohin käme ich, wollte ich hier auch nur
andeutungsweise darzustellen versuchen, welche Folgen
jene dem Handel aller Zeiten innewohnenden Eigen=
tümlichkeiten für die Kulturentwickelung des Menschen=
geschlechts, für die einzelnen Völker, für den Handel selbst
gehabt haben!

Noch wichtiger aber als diese Grunderfordernisse
jedes Handels sind die Veränderungen, welche der
Mechanismus des Handels im Laufe seiner eigenen Ent=

wickelung erfahren hat; denn erst sie geben uns Aufschluß über die R i ch t u n g, nach der die Entwickelung des Handels hinstrebt, das höchste Problem, das der Wissenschaft auf diesem Gebiete gestellt ist. Was bemerken wir, wenn wir den Zustand des altphönicischen Handelsbetriebes mit demjenigen vergleichen, den wir hier an der Hamburger Börse vor uns sehen? Zunächst und vor allem ein mächtiges Fortschreiten der A r b e i t s t e i l u n g. Einen großen Teil seiner früheren Thätigkeit hat der Kaufmann längst abgegeben, entweder an andere Kaufleute, an besondere Hilfsgewerbe des Handels oder auch an den Staat, an die Gemeinden, an sonstige Gemeinschaften

Der Einkauf der Waren vom Urproduzenten oder Industriellen, ihr Transport zu Wasser und zu Lande, der Import im Bedarfslande, die Speicherung am Hafenplatze, die Vermittelung des Verkaufs an diesem Platze, der Weiterverkauf nach der Bedarfsgegend, endlich der Einzelverkauf an die Konsumenten, ebenso die Spedition, die Kreditvermittelung, das Assekuranzgeschäft — alles dies bildet jetzt den Gegenstand besonderer Erwerbs- und Produktionszweige.

Unter ihnen nimmt das T r a n s p o r t g e s c h ä f t scheinbar eine Sonder- und eine Vorzugsstellung ein. Wenn wir als die produktive Aufgabe des Handels die Ueberwindung der räumlichen Güterknappheit, die Produktion von Ortswerten, kennen gelernt haben, so scheint es, als ob diese Aufgabe mit Abtrennung besonderer Transportgewerbe — Rhederei, Frachtfuhrbetrieb, Eisenbahnbetrieb u. s. w. — dem Handel verloren gegangen sei und nunmehr den Transportgewerben ausschließlich obliege. Das ist indes nicht der Fall, so wenig wie etwa in einer großen Eisenschmiede der Gegenwart die Produktion von dem Unternehmer auf den gewaltigen Dampfhammer übergegangen ist, weil es nicht mehr die Hand des Schmiedes selbst ist, welche den Hammer auf das Eisen niederfallen läßt.

Auch die Eisenbahn, soweit sie dem Gütertransporte dient, ist zunächst nur eine ausgezeichnete, gigantische Maschine im Dienste des Handels, es sei denn, daß sie selbst Handel treibt; freilich besorgt der Kaufmann nicht mehr, wie vor alten Zeiten, selbst den Transport der Waren; die Aufbringung des dafür nötigen Kapitals, also die Beschaffung der Maschine, wie auch ihre Unterhaltung und ihr Betrieb, alles das ist Gegenstand einer besonderen Unternehmung geworden; doch die Benutzung der Maschine zum Zwecke der Produktion ist nach wie vor Sache des Kaufmannes.

Jeder einzelne Zweig, jedes einzelne Hilfsgewerbe des Handels hat durch die Arbeitsteilung auch einen Teil von der Produktivität des Handels überkommen; bei weitem der wichtigste Teil aber ruht in den Händen des Großkaufmanns, der an einer Weltbörse, in seinem Kontor oder an seinem Börsenstande Verfügungen trifft, welche für das wirtschaftliche Leben ganzer Länder, ja Erdteile hohe Bedeutung haben.

Wenn Schmoller den Handel als „den Organisator der Volkswirtschaft" bezeichnet hat, so gilt das in der Jetztzeit vornehmlich von diesem wichtigsten Teile des Handels, der für die Volkswirtschaft in der That die gleiche Rolle spielt, wie der Unternehmer für das einzelne Erwerbsgeschäft: er ist es, der die vielen Teile der wirtschaftlichen Arbeit zum Organismus zusammenfügt. Je weiter die Arbeitsteilung fortschreitet, desto bedeutsamer wird auch die Thätigkeit dieses vorzugsweise organisirenden Teiles des Handels.

Wie bei jeder Arbeitsteilung, so findet auch hier

eine fortschreitende Differenzirung der Produk=
tionstechnik statt: der Grossist hat andere Kenntnisse
und Fertigkeiten nötig, wie der Detaillist, der Spediteur
andere wie der Bankier 2c. Aber der höchsten und meisten
Kenntnisse bedarf offenbar der Großkaufmann der Welt=
börsen, der „Organisator der Volkswirtschaft". Wie für
jedes hohe Amt, so sind auch für dieses hervorragende An=
lagen und eine besonders sorgfältige Vorbildung erforder=
lich, womit keineswegs geleugnet werden soll, daß die An=
lagen unter Umständen die Vorbildung ersetzen können; aber
als Regel kann das schwerlich angesehen werden. In der
That ist selbst die Organisation von Staaten nicht eine
so schwierige Aufgabe, wie die Organisation der Volks=
wirtschaft, und doch sind in der Gegenwart nur die
genialsten Staatsorganisatoren als Autodidakten empor=
gekommen.

Noch eine andere Wirkung von größter Bedeutung
hat die fortschreitende Arbeitsteilung beim Handel her=
vorgebracht: jene schon kurz berührte Veränderung im
Kapitalerfordernis des Handelsbetriebes. Wenn der
einzelne Kaufmann, im Gegensatz zum Urproduzenten und
Gewerbtreibenden, schon von jeher verhältnismäßig wenig
fixes, dagegen viel umlaufendes Kapital nötig hatte, so
hat sich dieses Verhältnis im Laufe der geschichtlichen
Entwickelung immer mehr ausgebildet, wie denn über=
haupt die typischen Eigenschaften der einzelnen Produk=
tionsarten mit schärferer Ausbildung der Arbeitsteilung
auch stets deutlicher hervortreten müssen.

Während Urproduktion und Gewerbe im Laufe der
Kulturentwickelung immer mehr umlaufendes Kapital in
fixes verwandeln, findet beim Handel das Umgekehrte
statt: der Handel strebt immer mehr danach, möglichst
sein ganzes Kapital zur steten Verfügung bereit zu halten,

während er die Herstellung stehender Anlagen nach Mög=
lichkeit den Hilfsgewerben, dem Staate, den Gemeinden ꝛc.
überläßt. Das erfordert sein innerstes Wesen.

Mit diesen wenigen Worten über die Folgen der
Arbeitsteilung im Handel müssen wir uns begnügen.
Aber ist diese Arbeitsteilung überhaupt noch im Fort=
schreiten begriffen oder ist sie nicht vielleicht schon am Ende
ihrer Entwickelung angelangt? Nach gewissen keineswegs
seltenen Erscheinungen der Gegenwart könnte man das
beinahe glauben. Es ist ja neuerdings namentlich in
Deutschland geradezu eine Art Losungswort geworden,
der sogenannte „Zwischenhandel" müsse ausgerottet werden,
„Produzent" und „Konsument" müßten möglichst direkt
miteinander verkehren. Was man hier „Zwischenhandel"
nennt, ist nichts anderes wie der Handel selbst; es ist ein
unklares, allen möglichen Auffassungen zugängliches Schlag=
wort, das denn auch thatsächlich in den Händen Un=
wissender täglich einen anderen Sinn annimmt, etwa wie
das ähnliche Wort „Mittelstand", unter dem sich auch
jeder etwas anderes denkt. Der wirkliche „Zwischen=
handel" ist derjenige Teil des auswärtigen Handels, den
ein Land zwischen zwei anderen Ländern betreibt, also
z. B. Deutschland zwischen England und Rußland. Da=
gegen giebt es überhaupt keinen „Zwischenhandel" zwischen
dem „Produzenten" und „Konsumenten", sondern nur
Handel, der aber nichts anderes ist, wie das Schluß=
glied der Produktion selbst, d. h. wenn man, wie wir
hier thun, einstweilen von der Spekulation absieht.

Bei alledem läßt sich nicht in Abrede stellen, daß die
Strömung, welche man bei jener Phrase von der Be=
seitigung des „Zwischenhandels" im Auge hat, thatsächlich
vorhanden ist. Ich weise nur hin auf die Verkaufs=Ver=
einigungen vieler Gruppen von Industriellen, auf das

direkte Arbeiten zahlreicher Fabrikanten mit dem Auslande, auf die Zunahme der großen Detailverschleiße im
Besitze von Brauereien, der sogenannten „Bierpaläste",
auf die Errichtung von Verkaufsfilialen durch andere
Großindustrielle, andererseits auf das Anwachsen der
Konsumvereine, der Warenhäuser für Beamte und dergl.;
ich könnte noch manches andere anführen. So stark ist
diese Strömung, daß sogar Kaufleute geäußert haben,
sie sei ganz in der Ordnung; denn der „Zwischenhandel"
beruhe ja überall nur auf „Ausnutzung der Unerfahrenheit eines anderen", er sei also wert, daß er zu Grunde
gehe.

Sehen wir einmal zu, wie es damit in Wirklichkeit
steht, und zunächst: wird bei den angeführten Erscheinungen der Handel überhaupt ausgestoßen? als besondere Erwerbsthätigkeit zweifellos; aber die Thätigkeit selbst, die räumliche Güterverteilung, ist natürlich
nicht zu umgehen; sie wird nur nicht als besondere Berufsthätigkeit ausgeübt, vielmehr „im Nebenamte" entweder von den Urproduzenten und Gewerbtreibenden
oder auch von den Konsumenten. Mit anderen Worten:
es findet ein Rückfall auf jene früheren Kulturstufen statt,
auf denen die Thätigkeit des Handels noch durch Personal-
union mit derjenigen des Urproduzenten, des Gewerbtreibenden oder auch des Konsumenten vereinigt war.

Der Handel hat sich dadurch zu einer besonderen Berufsart ausgebildet, daß er entweder überhaupt nicht
mehr oder doch nicht mehr gut genug „im Nebenamte"
betrieben werden konnte; er hat dann, wie es bei jeder
Arbeitsteilung geht, seine eigene Technik ausgebildet, die
den Draußenstehenden nicht ohne weiteres zugänglich
war, weder den Urproduzenten und Gewerbtreibenden,
noch den Konsumenten; vielmehr mußte die Technik des

Handels seitdem, wie die jeder anderen Berufsart er=
lernt werden. In diesem Sinne ist es vollkommen
richtig, daß der Kaufmann „die Unerfahrenheit des anderen
ausnutzt". Das thut aber auch der Landmann, der Ge=
werbtreibende, und es ist ganz in der Ordnung, unter
der Voraussetzung, daß auf solche Weise mit geringeren
Kosten mehr für die Gesamtheit produzirt wird, als
wenn der Landmann selber mahlt und bäckt, oder der
Industrielle seine Erzeugnisse selbst in alle Welt vertreibt.

Wenn dies die gesunde, notwendige Grundlage jeder
Arbeitsteilung ist, so läßt sich doch andererseits nicht
leugnen, daß es stets auch unnütze Zwischenglieder im
Produktionsprozesse giebt, die dann freilich ausgestoßen
werden müssen; dahin gehörte z. B. seit dem Ende des
Mittelalters der Handel, den manche Städte auf Grund
des sogenannten „Stapelrechts" betrieben. Wenn ferner
gegenwärtig manche Zweige des Detailhandels derart
überfüllt sind, daß viele Geschäfte die Geschäftskosten nicht
mehr verdienen können und daher den Versuch machen,
durch Steigerung der Preise sich über Wasser zu halten,
so gestalten sich solche Bruchstücke des Handels allerdings
zu unnützen, ja schädlichen Zwischengliedern. Ob die Art,
wie in Hamburg die meisten Lebensmittel durch Zwischen=
händler in die Häuser geschafft werden, volkswirtschaftlich
nützlich oder schädlich ist, muß mindestens als eine offene
Frage bezeichnet werden. Direkt schädlich aber sind
zweifellos gewisse Zwischenhände bei der Erlangung von
Arbeitskräften.

Diese Zwischenglieder mögen ursprünglich produktiv
gewesen sein, aber da die wirtschaftliche Entwickelung nie=
mals still steht, so sind sie durch irgendwelche neuen Vor=
gänge überflüssig geworden. Andererseits kann indes
solche Ausstoßung von Zwischengliedern auch eine miß=

bräuchliche, kann lediglich durch die e i g e n e Unerfahrenheit
der betreffenden Urproduzenten, Gewerbtreibenden, Konsumenten veranlaßt, oder sie kann ein Zeichen sonstiger
krankhafter Störungen im Produktionsprozesse sein; d a n n
ist die Ausstoßung von Zwischengliedern schlechthin ein
R ü c k s c h r i t t von der Art, wie sie die wirtschaftliche Entwickelung ungemein häufig hervorbringt, da diese sich ja
fast niemals in einer gerade aufwärtsstrebenden Linie
bewegt, sondern regelmäßig den Zickzackweg verfolgt. Aber
a u f d i e D a u e r kann die Arbeitsteilung auch im Handel
unmöglich zurückgehen; vielmehr muß sie immer weiter-
schreiten, ist sie doch überhaupt nichts dem Handel, ja selbst
nichts der wirtschaftlichen Produktion Eigentümliches, sondern ein wesentlicher, ein notwendiger Teil j e d e r Kulturentwickelung. Daher kann sie auch nur mit der Kultur
selbst dauernder Zurückbildung anheimfallen.

Neben diesem allgemein-kulturgeschichtlichen Momente
der Arbeitsteilung giebt es nun aber in der Entwickelung
des Handels noch einige andere bedeutsame Faktoren, die
einen spezielleren Charakter haben: die Verbesserung der
Mittel des Transportes, des Nachrichtenverkehres und
vor allem das Fortschreiten der Marktbildung. Die beiden
ersten Momente kann ich leider hier nur ganz kurz be-
handeln; auch sind sie ja bei aller Wichtigkeit doch dem
dritten untergeordnet, durch dessen Vermittelung sie erst
ihre volle Wirksamkeit entfalten; tieferes Eingehen muß
hier also wie bei so vielen anderen Punkten unterbleiben.

Die T r a n s p o r t m i t t e l habe ich bereits als eine
mächtige Maschinerie des Handels bezeichnet; ihre Bedeutung ist freilich nicht darauf beschränkt, sie erstreckt sich
vielmehr, wie die der Arbeitsteilung, wenn auch nicht in
gleichem Maße, auf die ganze menschliche Kultur; aber
ohne weiteres erhellt aus dem Wesen des Handels, daß

dieser von der Verbesserung der Transportmittel den größten Nutzen haben muß, und zwar kommt dabei nicht nur der Transport von Waren, sondern auch von Menschen und Nachrichten in Frage.

Ursprünglich zog der Kaufmann mit seinen Waren selbst in die Ferne; das galt sogar als sein eigentliches Wesen („Handel und Wandel"); der Rücken der Sklaven und das Ruderboot bildeten seine ersten Transportmittel; der Nachrichtenverkehr hatte für ihn nur geringe Bedeutung. Jetzt dagegen verläßt er selbst nur ausnahmsweise seinen Wohnsitz; wohl hat er in vielen Fällen seine „Reisenden"; doch die Hauptmasse des Geschäfts von Ort zu Ort wird durch den Brief, das Telegramm, den Fernsprecher vermittelt, durch die Zeitungen und das sonstige öffentliche Nachrichtenwesen erleichtert, und soweit der Handel noch des Reisens bedarf, kann er ebenso wie für den Transport seiner Waren, seiner Briefschaften und Zeitungen jetzt die Eisenbahn und das Dampfschiff benutzen.

Es hat also nicht nur eine außerordentliche Verbesserung des Transport- und Nachrichtenwesens stattgefunden, sondern auch weitgehende Verdrängung des Reisens durch Warensendungen und Nachrichten, welche letztere jetzt auch viele Warensendungen dadurch überflüssig machen, daß sie es ermöglichen, die Ware sehr oft von einem Orte zum anderen zu verkaufen, ohne daß sie deshalb transportirt zu werden braucht.

Das sind scheinbar sehr verwickelte Vorgänge; aber ihre wirtschaftliche Wirkung zeigt sich am letzten Ende einfach darin, daß der Kreis der unmittelbar miteinander konkurrirenden Produzenten und Konsumenten außerordentlich erweitert wird. Das Ergebnis dieser Entwickelung pflegt man als „Weltmarkt" zu bezeichnen,

womit schon gesagt ist, daß wir es hier mit einer Erscheinung zu thun haben, welche dem Gebiete der Marktbildung angehört.

In der That wäre die Verbesserung der Transportmittel und des Nachrichtenverkehrs für den Handel nur
von verhältnismäßig geringer Bedeutung ohne die gewaltige Wirkung, die dadurch auf die Marktbildung ausgeübt wird. Dieser müssen wir daher hier zum Schlusse
nochmals unsere Aufmerksamkeit zuwenden.

Im Gegensatze zur Arbeitsteilung und zur Verbesserung der Transportmittel ist die M a r k t b i l d u n g
ein dem Handel (und der Spekulation) e i g e n t ü m l i c h e r
Vorgang. Ihr Wesen haben wir zu erblicken in dem Bestreben, möglichst viele Tauschlustige zur gleichen Zeit an
e i n e m Orte zu vereinigen. Damit ein Markt entsteht,
müssen die Menschen gleichzeitig „zusammenlaufen", k o n -
k u r r i r e n. An den Orten und zu den Zeiten, welche für
ein solches Zusammenströmen tauschlustiger Menschen am
besten geeignet sind, bilden sich Märkte.

D i e M a r k t b i l d u n g i s t A u f g a b e d e s H a n -
d e l s. Schon jene Phönicier, die ihre Waren nahe bei
ihren Schiffen am Strande ausbreiteten, thaten dies, um
ein Zusammenströmen tauschlustiger Landesbewohner her-
beizuführen: sie veranlaßten also einen Marktverkehr, der
indes noch von sehr primitiver Art war: auf der einen
Seite stand der konkurrenzlose, sachverständige Händler,
auf der anderen eine kleine Zahl nahewohnender Landesbewohner, die zur Prüfung der fremden Waren wenig
befähigt waren, und doch mußte von diesen ebenso wie
von den Landesprodukten jedes Stück einzeln geprüft und
gegen die Gegenware abgeschätzt werden. Ein gemein-
sames Wertmaß war wohl schon vorhanden; doch hatte
es noch einen sehr schwankenden Charakter; zum ge-

prägten Münzgelde war man sicher noch nicht vorge=
schritten. Sodann war der Marktverkehr überhaupt noch
nicht an bestimmte Zeiten gebunden, vielmehr noch ganz
unregelmäßiger Natur und dauerte auch viel zu lange,
um eine erhebliche Konkurrenz zu ermöglichen; mit anderen
Märkten war vermutlich nicht die geringste Konkurrenz
vorhanden. Gegenstand des Marktverkehrs bildeten vor=
zugsweise kostbare Waren, welche die hohen Kosten und
das noch höhere Risiko des Transportes vertragen konnten;
nur als Rückfracht nahm man wohl auch minderwertige
Landesprodukte mit. Doch konnten diese eben lediglich
zur See befördert werden. Der Landhandel war über=
haupt noch ungemein schwach entwickelt. Es konnten daher
immer nur kleine Warenmengen des Marktverkehres teil=
haftig werden. Immerhin war auch schon diese primitive
Marktbildung ein Werk des Handels, und ebenso steht es
mit den darin seitdem gemachten Fortschritten.

Zwar hat der Handel bei der Marktbildung in der
Regel die Unterstützung der Fürsten und sonstigen Obrig=
keiten nötig gehabt — ein Punkt, auf den ich im letzten
Vortrage zurückkommen werde —; aber jene unmittelbare
Konkurrenz möglichst vieler Tauschlustiger, die das Wesen
der Marktbildung ausmacht, ist stets durch den Handel
hervorgebracht worden, und zwar zunächst im e i g e n e n
Interesse.

Der Hergang dabei war etwa der folgende: Jener
Zustand, daß beim Marktverkehr auf der einen Seite nur
der konkurrenzlose Händler stand, erregte natürlich bald
den Neid anderer Händler, die früher oder später ihre
Teilnahme am Marktverkehr durchsetzten. Daß auf der
Gegenseite nur nichtsachverständige Landesbewohner stan=
den, änderte sich mit fortschreitender Kulturentwickelung
durch die Bildung eines einheimischen Handelsstandes. An

der Stelle des Marktverkehres erwuchs eine Stadt, welche durch eine eigene, dem Handelsstande entnommene Obrigkeit die Marktbildung beförderte. Auch die Prägung von Metallgeld gehörte, gleich der Aufsicht über Maß und Gewicht, zu den Befugnissen dieser Obrigkeit. Der Handel war es, der das Bestreben der Fürsten, ihr Münzregal im fiskalischen Interesse zu mißbrauchen, durch die Schaffung eigener Marktwährungen zu nichte machte, der ferner das ganze Zahlungswesen durch Kompensation und andere kommerzielle Geldsurrogate immer mehr vervollkommnete, wobei er ebenfalls gegen deren rein fiskalische Ausnutzung (Papiergeld mit Zwangskurs!) zu kämpfen hatte.

Wie der Marktverkehr durch die Städtebildung örtlich dauernd fixirt wurde, so zeitlich zunächst durch die Entstehung der Jahrmärkte oder Messen: die Kaufleute kamen nicht mehr zu beliebiger Zeit, sondern sie wählten dazu die großen Feste, welche ein Zusammenströmen der Bevölkerung veranlaßten und sie trugen dann ihrerseits viel bei, ein solches Zusammenströmen an den Festen zu befördern; sie blieben nun auch nicht mehr ein Jahr lang, sondern zogen wieder fort, wenn die Messe vorüber war. Sie veranlaßten und benutzten die Verbesserung der Wege, der Transportmittel, wodurch sie den Kreis der zur unmittelbaren Konkurrenz gelangenden Güter immer mehr erweiterten, deren Auswahl und Preisbildung im Markte immer mehr vervollkommneten. Dem gleichen Zwecke dienten zahlreiche Erleichterungen des Verkehres am Marktorte.

Vor allem bildeten sich mit der Zeit gewisse Typen gleichartiger Warenqualitäten (Marktware, Standard-Typen), welche es ermöglichten, daß Waren, die gar nicht am Marktorte vorhanden waren, dennoch am Marktverkehre teilnehmen konnten.

Schon vorher hatten einzelne Teile des Verkehres (in Wechseln und Geldkapitalien) den Rahmen des Meß=verkehres gesprengt und eine t ä g l i ch e örtliche, wie zeit=liche Konzentration an den B ö r s e n gefunden[1]). Mit Ent=wickelung der Standard=Typen dehnte sich dieser Verkehr auch auf die Waren aus: wie die Messe für das Mittel=alter, so wurde die Börse für die Neuzeit der notwendige Typus der Marktbildung, an der seitdem im wachsenden Maße die verschiedensten Waren teilnahmen.

Diese Entwickelung, die noch immer weiter fortschreitet, ist ein Werk des Handels. Man darf sogar sagen: sie ist das besondere Mittel, durch welches der Handel seine be=sondere produktive Aufgabe in immer höherem Grade zu lösen vermag, etwa wie dies die Urproduktion durch die wachsende Intensität des Betriebes thut, die Industrie durch Verbesserung des stoffbearbeitenden Werkzeuges, der Maschine.

Man hat sich eine große moderne Börse gleichsam wie ein M e e r zu denken, das alle überflüssigen Gewässer der Erde in sich aufnimmt und sie bei Bedarf wieder damit befruchtet. Das Bild läßt sich noch weiter durchführen; denn wie das hydraulische System der Erde keineswegs ohne Störung funktionirt, wie es vielmehr lebensfeindliche Dürre und zerstörende Ueberfülle nicht verhindern kann, so giebt es solche Erscheinungen auch im wirtschaftlichen Leben, ohne daß dadurch die Einrichtung selbst als eine unrichtige erwiesen wird.

Diese gewaltige Entwickelung hat das naturgemäße Bestreben, die Grenzen der einzelnen Staaten zu über-

---

1) Vgl. hier E h r e n b e r g, Das Zeitalter der Fugger, Bd. I: Die Geldmächte des 16. Jahrhunderts; Bd. II: Die Weltbörsen und Finanzkrisen des 16. Jahrhunderts. Jena 1896.

schreiten, ja eigentlich sie überhaupt als nicht vorhanden zu betrachten; denn ihre treibenden Kräfte liegen auf völlig anderem Gebiete wie diejenigen der Staatenbildung. Ferner strebt die marktbildende Thätigkeit des Handels auch innerhalb der Staatsgrenzen nach möglichst unbeschränkter Freiheit der Konkurrenz; das ist ihr innerstes Wesen. Hierdurch kommt sie aber unvermeidlich in Konflikt mit Urproduktion und Gewerbe, die andere Lebensbedingungen haben. Wie hier ein Ausgleich zu suchen ist, welche Aufgaben der Staat gegenüber dem Handel, und welche Aufgaben dieser gegenüber der Gesamtheit zu erfüllen hat, das soll den Gegenstand meines letzten Vortrages bilden.

IV.

Handel und Gesamtheit.

Heute gilt es aus den bisherigen Ergebnissen das Facit zu ziehen für das Verhältnis des Handels zur „Gesamtheit". So bezeichnet man jede Gemeinschaft von Menschen im Gegensatze zu ihren Teilen; aber aus der unübersehbaren Zahl solcher Gemeinschaften stehen hier nur drei in Frage, Berufsgemeinschaft, Volk, menschliche Gesellschaft, und als „Gesamtheiten" kommen nur die zwei letztgenannten Gemeinschaften in Betracht.

Die Berufsgemeinschaft wird gebildet von Menschen, welche die entgeltliche Befriedigung bestimmter Bedürfnisse der Gesamtheit miteinander gemein haben die „berufen" sind, dieses Amt zu versehen. Jede solche Berufsgemeinschaft ist ein Organ der Gesamtheit, also auch der Handel.

Als „Gesamtheit" haben wir zunächst das Volk zu erblicken, d. h. eine Gemeinschaft von Menschen, die gebildet wird durch drei Momente: erstens durch das Zusammenwohnen auf einem bestimmten Landgebiete, zweitens durch eine besondere Kultur und drittens durch eine gemeinsame staatliche Organisation. Der Gesamtorganismus der verschiedenen Berufszweige eines staatlich organisirten Volkes ist seine Volkswirtschaft.

Der Handel ist aber auch ein Organ der menschlichen Gesellschaft, d. h. der Gemeinschaft aller mit
einander verkehrenden Völker, deren wirtschaftliche Be-
ziehungen zu einander man als „Weltwirtschaft" zu-
sammenzufassen pflegt.
Alle Kulturvölker gehören dieser Gemeinschaft an.
Je höher die Kultur eines Volkes ist, desto mehr ist es
darauf angewiesen, mit anderen Völkern zu verkehren,
Erzeugnisse ihrer Volkswirtschaften zu beziehen und solche
der eigenen Volkswirtschaft an sie abzugeben; denn das
Wesen der Kultur besteht in der Vielseitigkeit der menschlichen Bedürfnisse, und je vielseitiger diese werden, desto
mehr wächst die Notwendigkeit, sie auf dem Wege der
internationalen Arbeitsteilung zu befriedigen. Aber jede
Volkswirtschaft hat auch das ihr tiefeingepflanzte naturgemäße Bestreben, ein selbständiger Organismus
zu werden, alle ihre Berufszweige so weit wie irgend
möglich zu entwickeln. Das ist das Lebensprinzip jeder
Volkswirtschaft: wie jedes Einzelwesen wachsen und sich
seinen natürlichen Anlagen gemäß zu einem möglichst
vollkommenen Organismus entwickeln muß, so auch in
erhöhtem Maße die Volkswirtschaft. Unmöglich kann
diese aber ein selbständiger Organismus werden ohne
zeitweilige Absperrung der Konkurrenz anderer, überlegener Völker, welche die Entstehung neuer Berufszweige
im Keime vernichten würde.
Zwischen diesen beiden notwendigen Strömungen der
wirtschaftlichen Entwickelung findet im Laufe der Geschichte
ein selten ruhender Kampf statt.
Im Anfange der Entwickelung muß jedes Volk den
Fremden seine Thore öffnen, muß die jedem Volke im
Urzustande angeborene Abneigung gegen die Fremden
soweit überwinden, wie es nötig ist, eben um jene An-

fänge der Kultur aufzunehmen, die es aus sich selbst her=
aus nicht entwickeln kann. Sobald dies geschehen ist,
kommt eine Zeit der Abschließung zur Entwickelung der
eigenen Produktivkräfte u. s. f., bis die Kräfte derart ent=
wickelt sind, daß das Volk überhaupt keine Konkurrenz
mehr zu fürchten braucht. Dann hört jede Abschließung
auf, aber niemals für alle Zeiten; denn kein Volk ist
imstande, auf die Dauer seine wirtschaftliche Ueberlegen=
heit allen anderen Völkern gegenüber zu behaupten; viel=
mehr kommt selbst für die mächtigste Volkswirtschaft
früher oder später der Tag abermaliger Abschließung.
Nur ist in diesem Wechsel der Strömungen auch eine
durchgehende Richtung der Entwickelung unverkenn=
bar vorhanden: sie geht auf allmähliche Milderung der
Abschließung, auf allmähliche Ausbildung fester inter=
nationaler Arbeitsteilung und zwar auf der Grundlage
einer Reihe möglichst gleichwertiger, möglichst selbstän=
diger volkwirtschaftlicher Organismen.

Der Handel ist das eigentliche Schwungrad dieser welt=
wirtschaftlichen Entwickelung; er übernimmt die Ueber=
windung der örtlichen Güterknappheit im Interesse der Ge=
meinschaft aller miteinander verkehrenden Völker. Würde
man ihn sich lediglich nach seinen eigenen Lebens=
bedingungen entwickeln lassen, so würde er bald nur als ein
Organ der Weltwirtschaft fungiren; denn er hat, wie wir
wissen, das natürliche Bestreben, alle Waren dort zu kaufen,
wo sie am billigsten zu haben sind, und sie mit möglichst
geringen Kosten dorthin zu schicken, wo er sie am teuersten
verkaufen kann. Das entspricht zweifellos dem Interesse
der Weltwirtschaft, führt aber in seinen letzten Konse=
quenzen zur Vernichtung aller selbständigen Volkswirt=
schaften. Deshalb verlangen diese vom Handel, daß er
auch ihnen dienen, daß er ihnen helfen soll, selbständige

Organismen zu werden: der Handel soll die Erzeugnisse der eigenen Volkswirtschaft denen anderer Völker vor-ziehen.

Dieser Forderung zu entsprechen wird dem Handel durch seine Natur offenbar sehr schwer gemacht. Deshalb liegt hier einer jener großen Interessenkonflikte vor, welche nur der Staat mit seinen Mitteln zu entscheiden vermag; davon nachher. Aber bis zu einem gewissen, keineswegs ganz geringen Grade kann auch der Handel freiwillig jenem Verlangen entsprechen, eine wichtige Thatsache, die man oft ganz unberücksichtigt läßt, weil es sich dabei um Motive nicht wirtschaftlicher Natur handelt. Wir verlassen hiermit auf eine Weile den Rah-men des wirtschaftlichen Lebens insofern, als es sich da-rum handelt, den innigen Zusammenhang nachzuweisen, der zwischen ihm und anderen Gebieten des menschlichen Lebens besteht. Der Kaufmann ist ja nicht bloß Kauf-mann, sondern auch Angehöriger eines Volkes und der gesamten Kulturwelt; dieser Zugehörigkeit kann er sich nicht entäußern, ohne Einbußen zu erleiden, die auf seine Berufsthätigkeit eine unheilvolle Rückwirkung ausüben müssen.

Es darf dem deutschen Kaufmann keineswegs gleich-giltig sein, ob er deutsche oder englische Waren vertreibt; vielmehr hat er als Deutscher zweifellos die Pflicht, deutsche Waren vorzuziehen, wenn diese ungefähr ebenso gut und billig sind wie englische Waren. Die Engländer haben das schon vor Jahrhunderten als selbstverständlich betrachtet, und gerade hierdurch ist ihrer Volkswirtschaft die gewaltige Stoßkraft erwachsen, mit der sie die Welt erobert hat. Dann kam freilich auch für England eine Zeit, welche das nationale Empfinden zurücktreten ließ. Aber was erleben wir in diesem Augenblicke? Seitdem

durch bekannte Vorgänge die Eifersucht der Engländer
gegen die Deutschen so bedauerlich gewachsen ist, kaufen
viele englischen Kaufleute nur noch solche deutsche Waren,
die sie notwendig brauchen, d. h. solche, die entweder überhaupt nicht in England hergestellt werden, oder die doch
wesentlich billiger oder besser sind, als die konkurrirenden
englischen Erzeugnisse, während sie vordem, wenn deutsche
Reisende zu ihnen kamen, wohl auch andere Artikel mit-
nahmen.

Damit sind die Engländer wieder mehr oder weniger zu
der Praxis zurückgekehrt, die sie Jahrhunderte lang befolgt
haben, die dagegen in Deutschland, wegen dessen unglück-
licher politischer und wirtschaftlicher Entwickelung, Jahrhunderte lang nicht befolgt werden konnte. Der deutsche
Handel hat sich seit dem 16. Jahrhundert gesondert von
der übrigen Produktion, ja zum Teil in unverkennbarem
Gegensatze zu dieser entwickelt, weil es keinen deutschen Staat
gab, der imstande war, alle Produktivkräfte zusammen-
zufassen, und ohne den auch kein derartiges Nationalgefühl entstehen konnte, wie es die Engländer schon so
lange besaßen, kein Nationalgefühl, das stark genug gewesen wäre, um neben dem notwendigen Selbstinteresse
den Kaufmann bei seinem Geschäftsbetriebe wesentlich mit
zu beeinflussen.

Das ist jetzt glücklicherweise anders geworden
und schon zeigen sich die segensreichen Folgen; schon
mehrt sich die Zahl der deutschen Kaufleute, die mit
leuchtenden Augen davon berichten, daß sie draußen in
der Welt den d e u t s c h e n Erzeugnissen neue Anerkennung,
neuen Absatz verschafft haben. Erst damit erlangt der
Handel in der deutschen Volkswirtschaft jene Pionier- und
Führerrolle, die ihm von Natur gebührt, und die er in
England seit Alters gehabt hat.

Diese Führerrolle hat er aber noch in mannigfacher
anderer Hinsicht zu bethätigen. Ich erinnere nur an die
deutsche Auswanderung. Hier gilt es wieder anzu-
knüpfen an die beste Zeit des deutschen Bürgertums, an
die Blütezeit unserer alten Städte. Wie jetzt, so strömten
auch damals schon große Scharen von Deutschen ins
Ausland, Angehörige aller Stände, Ritter, Bürger und
Bauern: aber die wirtschaftliche Führung hatten die
Bürger in Händen, im Norden wie im Süden. Dort übten
die Hansakaufleute nicht nur zeitweilig eine wirtschaftliche
Herrschaft über die schwach kultivirten Nachbarländer aus,
sondern — was weit mehr bedeutet — sie trugen auch
durch ihre Städte die deutsche Kultur dauernd bis ins
Herz der Slavenländer.

Die Städte des ostelbischen Deutschlands sind derart
Mittelpunkte deutschen Lebens geworden, daß ohne sie
Deutschland ganz gewiß nicht von Preußen hätte geeint
werden können. Aehnlich wirkten die oberdeutschen Kauf=
leute bei der Kolonisation Oesterreichs. Wenn Preußen
und Oesterreich zu Großmächten erwachsen sind, so danken
sie dies nicht an letzter Stelle jener kolonisatorischen Mit=
arbeit deutscher Bürger; diese bildeten den wahren
„Mittelstand", der es verhinderte, daß die Gesellschaft in
Herrschende und Unterjochte zerfiel, was früher oder später,
wie in Polen, den Untergang des Staatswesens zur Folge
gehabt hätte. Grade darin haben wir den Hauptunterschied
deutschen und slavischen Wesens zu erblicken, daß jenes
sich als fähig erwiesen hat, eine eigene bürgerliche Kultur
zu schaffen, was den Slaven bis zum heutigen Tage noch
nicht gelungen ist.

Die deutschen Bürger schufen ferner in ihren Städten
glänzende, nach manchen Richtungen noch jetzt unerreichte
Vorbilder für die spätere Staatenbildung. Die

Schätze praktischer Staatsweisheit, welche die Rats-
kollegien der alten deutschen Städte aufspeicherten, harren
zum großen Teil noch jetzt der Ausnutzung, ebenso wie
die politischen Traditionen derjenigen Städte, die ihre
Freiheit in die Neuzeit zu retten vermochten; und überall war hier der kaufmännische Geist der eigentliche Träger
des Gemeinwesens.

Was ist es denn vor allem, was unsere Blicke immer
von neuem nach jener großen Zeit des deutschen Bürgertums hinlenkt? Es ist die Kraft des Gemeinsinnes einfacher Bürger, ihres hellen Verstandes, ihrer Freiheits-
liebe und des damit untrennbaren Pflichtgefühls, ihres
strengen Ordnungssinnes, ihrer Wirtschaftlichkeit, — kurz
aller Eigenschaften, welche das deutsche Bürgertum be-
fähigten, das Höchste zu vollbringen, was ihm erreichbar
war: die Begründung und jahrhundertelange Blüte einer
Fülle von Gemeinwesen aller Art, welche die ganze deutsche Kultur umgestaltet haben. Es ist der hohe Sinn,
das Verständnis für a l l e Pflichten einer emporsteigen-
den Volksklasse.

Diese Eigenschaften sind es auch gewesen, welche die
mächtigen Dome und Rathäuser der mittelalterlichen
Städte gebaut, welche die Häuser ihrer reichen Kaufleute
mit Schätzen der Kunst geschmückt haben. Sie waren es,
welche die Stadtthore weit öffneten, um einem wachsenden Strome der Bildung Eingang zu schaffen, und welche
endlich als letzte Errungenschaft zur Durchführung der
Kirchenreformation rasch und freudig das Meiste bei-
trugen.

Dann aber kam die Zeit des Absolutismus, der mit
Hilfe seiner Beamten und Soldaten die Staatsbildung
vollzog. In Deutschland verschwand das Bürgertum
größtenteils im Schatten dieser herrschenden Mächte.

während das englische und vollends das holländische
Bürgertum in erster Reihe selbst an der Staatsbildung
teilnahm und daher auch dem Staate seinen Stempel
mehr oder weniger aufzuprägen vermochte. Es kam die
„Verteilung der Welt", wobei der holländische, der eng=
lische Kaufmann den Löwenanteil davontrug, während
der deutsche leer ausging. Auch ohne eigene Kolonien
gelang es zwar namentlich den Kaufleuten Hamburgs
und Bremens, eine ehrenvolle Stellung in der Welt zu
erringen; aber wie sie dies nur sich selbst verdankten, so
fühlten sie sich auch frei von Pflichten gegenüber jenem
alten Reiche, das sie nicht förderte noch schützte.

Diese Zeit liegt jetzt endgiltig hinter uns, und ab=
gelaufen ist auch die Zeit, in welcher der Monarch mit
seinen Beamten und Soldaten den Staat bildete. U n s e r e
Gesamtheit, der deutsche Staat der Gegenwart, bedarf
zu seiner Erhaltung der freien Mitarbeit aller Bürger,
und an den deutschen Handelsstand tritt jetzt mit zwingen=
der Gewalt die P f l i c h t heran, seine alten Eigenschaften
zu bewähren. Gottlob sind sie ihm erhalten geblieben;
nun aber ist es auch an ihm, sie in dem großen Rahmen
der Gegenwart zu bethätigen, in der Heimat wie in der
Fremde; und vor allem ist es an ihm, den W i l l e n zu
solcher Bethätigung, das Gefühl der P f l i c h t gegenüber
der Gesamtheit in sich immer mehr wach werden zu
lassen.

Jedes Volk bedarf zur höheren Entwickelung seiner
Kultur einer möglichst großen Zahl von Existenzen, die
unter der Notdurft des Lebens nicht unmittelbar zu leiden
haben. Ehemals war es der Adel, dem diese Aufgabe
allein oblag, und er war sich dessen bewußt: bei allen
Ausschreitungen und Thorheiten, deren er sich schuldig
machte, lebte in ihm doch auch oftmals jener Geist, aus

dem das Wort „noblesse oblige" hervorgegangen ist. In der
Gegenwart aber kann der Adel dieses Führeramt nicht
mehr behaupten; vielmehr sind die Bürger berufen,
ihn in weitem Umfange abzulösen, vor allem die Kauf=
leute, deren wirtschaftliches Gedeihen durch die moderne
Verkehrsentwickelung am meisten gefördert worden ist.
Unmöglich kann der Handelsstand eine solche Stellung
behaupten, ohne das kräftige Bewußtsein eigener öffent=
licher Pflicht und Verantwortlichkeit.

Der Handelsstand ist seiner innersten Natur nach der
geborene Vorkämpfer des „Liberalismus", natürlich
nicht der vorübergehenden Gestalt, welche der Liberalis=
mus im politischen Leben Deutschlands einige Jahrzehnte
lang angenommen hat, sondern jener ewigen, unzerstör=
baren Geistesrichtung, welche dem gewaltigen Drucke der
sozialen Mächte, des Staates und seines Beamtentums,
die Kraft der freien Persönlichkeit entgegensetzt, jener
Geistesrichtung, ohne welche auch der Staat nicht bestehen
kann. Aber die notwendige Voraussetzung für die Be=
thätigung dieses Freiheitssinnes ist ein ebenso kräftiges
Gefühl der eigenen Verantwortlichkeit für das
Gedeihen der Gesamtheit, die Ueberzeugung, daß vor
allem Selbstzucht und Selbstthätigkeit dazu gehören, um
das Recht der Persönlichkeit zur Geltung zu bringen.
Die Geschichte wird dereinst den deutschen Handelsstand
der Gegenwart fragen, ob er jenes Gefühl der eigenen
Pflicht und Verantwortlichkeit im ausreichenden Maße
besessen hat.

Darauf antwortet wohl grade der tüchtigste Kauf=
mann: „Erst der Beruf!" Erst muß soviel erworben
werden, daß die Existenz der Familie auf breiter, tiefer
Grundlage gesichert ist. Gewiß, das erfordert Zeit und
schwere Arbeit. Aber bei Zeiten muß auch dafür

gesorgt werden, daß der Kaufmann sich vorbereite für die anderen, für die n a t i o n a l e n Pflichten seines Berufes. Sonst wird er sich ihrer niemals bewußt werden, und es wird ihm gehen, wie so manchem Reichen, der mit seinem Reichtum nichts anzufangen, der nicht einmal seinen Söhnen eine Erziehung zu verschaffen weiß, die sie da= vor behütet, das mühsam Angesammelte in ordinärem Luxus zu vergeuden.

Welche anziehende Erscheinung ist dagegen der ge= b i l d e t e Kaufmann! Fern von jener Einseitigkeit der Bil= dung, welcher in diesem Zeitalter der Specialisten die Angehörigen der „g e l e h r t e n" Berufsarten fast un= fehlbar anheim fallen, kann ein solcher Mann, dank seiner Empfänglichkeit, seiner gesunden, maßvollen Denkweise seiner Kenntnis des Lebens, unendlich segensreich wirken. Er kann einen Kreis geistig angeregter Männer und Frauen in seinem Hause versammeln und hierdurch unserer sich immer mehr verflachenden Geselligkeit neues Leben einhauchen; so manchem Talente kann er die ersten schweren Anfänge erleichtern; er kann durch seine von einem gebildeten Geschmacke diktirten Bestellungen Kunst und Kunstgewerbe mächtig fördern; durch seinen Einfluß kann er den neuen gesunden Ideen im öffentlichen Leben die Wege ebnen, aus unreisen Gedanken den berechtigten Kern herausschälen, für alle guten Zwecke die praktischen Mittel und Wege finden.

Reichtum ist die notwendige Voraussetzung jeder höheren Kulturentwickelung, aber er ist nicht Selbstzweck; wo er dies ist, da kann er unmöglich dauern. „Richesse oblige!" — das muß der Wahlspruch unseres Handelsstandes sein. Nur unter dieser Voraussetzung kann er auch von der Gesamtheit kräftigen Schutz seiner Lebensinteressen erwarten.

6*

An alle Berufsstände stellt die Gesamtheit Anforde=
rungen, die weit hinausgehen über ihre Berufsleistungen.
So ist es doch z. B. eine offenkundige Thatsache, daß der
niedere ostelbische Adel erst dem preußischen Staate, dann
auch dem ganzen deutschen Volke die größten Dienste ge=
leistet, daß er seine Heere geführt, daß er ihm einen
Bismarck gegeben hat. Ist es ungerecht, daß der Staat
solche Dienste durch Bewilligung entsprechender Standes=
macht vergilt?

Gerade der jetzige Augenblick zwingt jeden deutschen
Kaufmann, den Ursachen nachzugehen, welche die schwere
Bedrängnis der Interessen seiner Berufsthätigkeit herbei=
geführt haben. In solchem Augenblicke ist mit Schön=
färberei, mit kleinen Mittelchen der Selbsttäuschung nichts
geholfen; zunächst bei sich selbst Einkehr halten, das predigt
der schwere Ernst der Zeit jedem deutschen Kaufmanne.

Unsere Zeit stellt an ihn die höchsten Anforderungen:
es genügt wirklich nicht mehr, alle Tage die Zeitung zu
lesen, alle Jahre Steuern zu bezahlen, alle fünf Jahre
eine Stimme bei der Reichstagswahl abzugeben. Auch
die gelegentliche Thätigkeit in Vereinen, in dem öffent=
lichen Leben der engeren Heimat ist nicht ausreichend.
Vielmehr muß jeder Kaufmann trachten, mindestens die
dringlichsten Probleme, welche unser heutiges Staats=
und Kulturleben hervorgebracht hat, so eingehend wie
möglich kennen zu lernen; jeder Kaufmann muß wissen,
welche Pflichten der Besitz gegenüber Kunst und Wissen=
schaft zu erfüllen hat. Erst wenn ein solches Gefühl eigener
Pflicht und Verantwortlichkeit unseren tüchtigen deutschen
Handelsstand durchdringt, wird seine Zukunft sich wieder
aufhellen.

Soviel von den Aufgaben des Handels gegenüber der
Gesamtheit. Welches sind nun aber deren Aufgaben

gegenüber dem Handel? Auch hier ist wieder zu
unterscheiden zwischen Welt= und Volkswirtschaft; aber
auch hier werden wir mit jener rasch fertig sein.

Was kann die Völkergemeinschaft, die wir als „Welt=
wirtschaft" kennen, für den Handel thun? Hat sie über=
haupt einen eigenen Willen, wie er doch nötig ist, um
irgendwelche bewußte Thätigkeit auszuüben? Man wird
geneigt sein, diese Frage zu verneinen; dennoch hat auch
die Weltwirtschaft schon manches für den Handel gethan,
nur mußte sie sich dabei freilich der einzelnen Staaten
bedienen; zwischen diesen ist eine — stillschweigende oder
ausdrückliche — Uebereinstimmung über gewisse Erleichte=
rungen des internationalen Handels erzielt worden.

Zuerst ist die hohe See durch gemeinsame Thätigkeit
aller seefahrttreibenden Nationen von Piraten gesäubert
worden. Dann haben sich allmählich gewisse gemeinsame
Anschauungen über die Behandlung des Privateigentums
im Kriege herausgebildet, und diese Anschauungen haben
sich teilweise schon durch internationale Verträge zu wirk=
lichen Rechtsnormen entwickelt; doch verharrt der größte
Teil des „Völkerrechts" noch im unfertigen Zustande, ist
kaum Gewohnheitsrecht geworden. Dagegen hat sich der
Weg internationaler Verträge für andere Erleichterungen
des Handels als gangbar erwiesen: Handels=, Zoll=, Münz=,
Post=, Telegraphen= und Eisenbahnverträge dienen diesem
Zwecke. Man hat sogar schon begonnen, auf gleiche Weise
unmittelbar neue Verkehrswege zu schaffen und schon vor=
handene vor den Folgen internationaler Kämpfe zu sichern,
sie zu „neutralisiren": Gotthardbahn, Suezkanal und zahl=
reiche Unterseekabel sind die bedeutsamsten Beispiele solcher
Thätigkeit.

Das ist gewiß nicht wenig, aber wenn man genau zu=
sieht, ist hier eben doch nicht die „Weltwirtschaft" thätig

gewesen, sondern es waren die einzelnen Staaten als ihre
Vertreter, und nur wenig ist es im Vergleiche zu dem,
was der Staat als Vertreter der einzelnen Volkswirtschaft für den Handel zu thun hat.

Was der Staat in dieser Eigenschaft für den Handel
thut, hängt wieder ab von den allgemeinen Anschauungen über die Aufgaben des Staates, Anschauungen, die
nicht nur im Laufe der Geschichte ganz außerordentlich
geschwankt haben, sondern die auch gegenwärtig fast in
jedem Lande besonders geartet sind. Selbstverständlich
haben diese Verschiedenheiten überall tiefreichende Ursachen.

Im Mittelalter gab es überhaupt noch keinen Staat,
sondern nur große Grundbesitzer mit einzelnen Hoheits-
rechten und Städte von staatlichem Charakter, aber mit
schwacher Territorialentwickelung. Erstere waren außer
stande, für den Handel etwas zu thun, vielmehr machten
sie es sich mit wenigen Ausnahmen zur Aufgabe, ihn auf
alle mögliche Weise zu stören. Gerade deshalb bildeten
die Städte ihre Selbständigkeit immer mehr aus und ent-
falteten im Interesse des Handels eine große Thätigkeit,
worauf gleich zurückzukommen sein wird. In der Zeit
des aufgeklärten Absolutismus und des „Merkantilismus"
übernahm der Staat diese Aufgaben der mittelalterlichen
Städte in solchem Umfange, daß dadurch schließlich die
freie Bewegung des Handels allzu sehr behindert wurde.
Das führte die Reaktion herbei.

Zunächst stellte jetzt die Theorie die Forderung, der
Staat solle sich auf Gewährung von Rechtsschutz beschränken, eine Forderung, die der Praxis freilich niemals
vollständig entsprochen hat; aber wenigstens in England
überließ der Staat thatsächlich viele seiner früheren Aufgaben der freien Thätigkeit seiner Bürger, während er

sich davon auf dem europäischen Festlande erheblich mehr
vorbehielt. Endlich haben die Erfahrungen, welche man
mit der freien Konkurrenz gemacht hat, neuerdings eine
abermalige Schwenkung nach der Richtung größerer
Staatsthätigkeit herbeigeführt, und zwar ist D e u t s ch -
l a n d der Ausgangspunkt dieser neuesten Richtung.

Die moderne deutsche Auffassung von den Pflichten
des Staates läßt sich zunächst ganz allgemein so for=
muliren, daß der Staat für die Förderung des Gemein-
wohles alles dasjenige zu thun hat, was die einzelnen
und kleineren Gemeinwesen entweder überhaupt nicht
oder doch nicht so gut wie der Staat thun können oder
wollen. Insbesondere der V o l k s w i r t s ch a f t gegenüber
hat nach dieser Anschauungsweise der Staat die Aufgabe,
sie bei ihrem Streben zu fördern, ein möglichst vollkom=
mener Organismus zu werden und zu bleiben, also erstens
die E r z i e h u n g von nicht vorhandenen oder noch zu
schwachen Produktivkräften in die Hand zu nehmen,
zweitens die e n t w i ck e l t e n Produktivkräfte insoweit zu
unterstützen, wie deren eigene Leistungen d a u e r n d ab=
solut oder relativ unzureichend sind, und drittens den
V e r f a l l von Produktivkräften nach Möglichkeit zu ver=
hindern.

Diese ungemein weitgreifende deutsche Auffassung von
den Pflichten des Staates ist natürlich keine willkürliche,
sondern sie ist mit Notwendigkeit hervorgegangen aus
dem neuzeitlichen deutschen V o l k s ch a r a k t e r, der nicht
jenen alten Gemeinsinn, jenes intensive Gefühl für eigene
öffentliche Pflichten besitzt, wodurch sich die deutschen
Bürger im Mittelalter auszeichneten, jene Eigenschaften,
die auch im modernen englischen Volkscharakter eine so
hervorragende Rolle spielen. Um das zu veranschaulichen,

genügt ein einziges, gerade uns hier in Hamburg sehr naheliegendes Beispiel.

In England ist der Bau von Häfen wohl noch nirgends vom Staate und nur selten von den Gemeinden ausgeführt worden; vielmehr bleibt er regelmäßig der freien Thätigkeit der Bürger überlassen, die zu dem Zwecke besondere Gesellschaften zu begründen pflegen; diese Gesellschaften sind in der Regel keine eigentlichen Erwerbsunternehmungen; sie haben auch andererseits keinen schlechthin gemeinnützigen Charakter; vielmehr nehmen sie eine Mittelstellung ein: sie pflegen sich mit einer sehr mäßigen Verzinsung und Amortisation ihres Anlagekapitals zu begnügen. In Deutschland dagegen ist der eigentliche Hafenbau wohl durchweg Sache des Staates und der Gemeinden, also von Zwangsgemeinschaften. Die Größe der aufzuwendenden Kapitalien allein kann dies nicht veranlaßt haben; denn es finden sich in Deutschland für große Unternehmungen und fremde Anleihen genug Kapitalien. Dagegen wären allerdings bei uns nicht ausreichende Kapitalien aufzutreiben, deren Eigentümer bei einem Unternehmen, wie es der Bau von Häfen ist, auf eine mehr als landesübliche Verzinsung verzichten würden. Mit anderen Worten: unsere Bürger haben einfach nicht genug Gemeinsinn besessen, um aus eigenem Antriebe Häfen zu bauen. Deshalb mußten Staat und Gemeinde dies thun; oder hätten sie etwa ruhig mit ansehen sollen, daß der Handel durch den Mangel an guten modernen Hafeneinrichtungen von Hamburg und Bremen nach Antwerpen oder Rotterdam getrieben wurde? Wie mit den Häfen, so ist es auch mit allen erdenklichen anderen Einrichtungen gegangen.

Wir müssen also auch hier ausgehen von jener deutschen Auffassung, wonach der Staat gegenüber der

Volkswirtschaft drei Arten von Aufgaben zu erfüllen hat: Erziehung, dauernde Förderung und Erhaltung der wirtschaftlichen Produktivkräfte.

In der Gegenwart übt der Staat bei uns seine e r z i e h - l i c h e Aufgabe vorzugsweise gegenüber der J n d u s t r i e aus, der er durch Schutzzölle es ermöglicht, sich derart zu entwickeln, daß sie später imstande sein wird, auch ohne solche Zölle mit der ausländischen Industrie zu konkurriren. Der L a n d w i r t s c h a f t gegenüber wendet der Staat das gleiche Mittel an, um sie vor dem V e r f a l l e zu bewahren. Was aber thut bei uns der Staat gegenüber dem Handel? Darauf werden zunächst viele Kaufleute antworten: der Staat beschränkt und behindert den Handel auf jede erdenkliche Weise. So s c h e i n t es in der That zu liegen, wenn man nur gewisse Erscheinungen des Augenblicks berücksichtigt. Sieht man aber etwas näher zu, so bemerkt man, daß der Staat gegenüber dem Handel dauernde Aufgaben von größter Bedeutung erfüllt, ja daß seine Pflicht dauernder Förderung der Produktivkräfte, v o r - z u g s w e i s e dem Handel gilt, und zwar ist letztere Erscheinung nicht auf Deutschland beschränkt, sondern gilt mehr oder weniger von allen Kulturvölkern.

Freilich wechseln auch auf diesem Gebiete Zeiten starker mit solchen schwächerer Staatsthätigkeit; so hat z. B. im Zeitalter des Merkantilismus der Staat zweifellos mehr für den Handel gethan, als gegenwärtig. Doch die d u r c h g e h e n d e Linie der Entwickelung geht ohne Frage in der Richtung einer Ausdehnung der staatlichen nfgaben.

Wir haben es hier zu thun mit einer der vielen bisher nur wenig bemerkten wichtigen Thatsachen dieses weiten Gebietes: Der Handel bedarf mit steigender Entwickelung in immer höherem Maße der staatlichen Förderung, während bei der Industrie das Umgekehrte der Fall ist. Von einer eigentlichen erziehlichen Thätigkeit des Staates kann gegenüber dem Handel kaum die Rede sein; vielmehr muß der Handel auf den niederen Kultur= stufen sich so gut wie vollständig selbst erziehen, aber je ausgedehnter und intensiver seine Thätigkeit wird, desto mehr muß er davon an den Staat abgeben. Ich werde Ihnen das jetzt bei einigen der wichtigsten Aufgaben nach= weisen, welche der Staat dem Handel gegenüber zu erfüllen hat. Der Kreis dieser Aufgaben bildet die eigent= liche Handelspolitik des Staates im Gegensatz zu der sogenannten „Handelspolitik", die thatsächlich Gewerbe= politik ist, das wichtigste Mittel, um das Gewerbe zu er= ziehen, oder auch Landwirtschaftspolitik, d. h. ein Mittel, um die Landwirtschaft vor dem Verfalle zu bewahren.

Der Staat hat in der Gegenwart vor allem die Auf= gabe, den eigenen wie den in seinem Gebiete verkehrenden fremden Kaufleuten Schutz und Sicherheit zu ge= währen, eine Aufgabe, die ihm zwar allen Individuen gegenüber obliegt, welche in seinem Gebiete verweilen, die aber für keinen Berufszweig so wichtig ist wie für den Handel, und die auch nirgends sonst eine derartige Thätigkeit erforderlich macht; denn Person und Eigentum des Kaufmanns halten sich weit mehr als bei einem anderen Berufszweige in der Fremde auf und sind deshalb Angriffen in besonders hohem Maße ausgesetzt; viel trägt hierzu auch die Thatsache bei, daß das Eigen= tum des Kaufmanns größtenteils aus beweglichen Gütern besteht.

Nun ist freilich überhaupt kein Handel möglich, ohne daß die Obrigkeit des Landes ein gewisses Maß der Sicherheit von Person und Eigentum gewährleistet; aber erst sehr spät hat dieser Rechtsschutz sich soweit entwickelt, daß der Selbstschutz des Kaufmanns überflüssig wurde. Erst die moderne Staatenbildung hat der Begleitung der Warensendungen durch Bewaffnete und der Verteidigung der Marktstädte durch starke Mauern ein Ende gemacht. Das mittelalterliche Städtewesen war freilich schon eine Zwischenstufe zwischen Selbstschutz und Staatsschutz, gehörte aber noch überwiegend dem ersteren Entwickelungsstadium an, weil eben die Städte im Mittelalter meist von Kaufleuten regirt wurden.

Auch im K r i e g e muß jeder wahrhaft selbständige Staat der Jetztzeit dem Handel seiner Bürger weitgehenden Schutz gewähren, wovon vor Zeiten in der Regel kaum die Rede sein konnte. Jetzt ist ein großer Teil der Kriegsflotten diesem Zwecke gewidmet, und in Deutschland wird es vom Handelsstande als eine schwere Gefahr empfunden, daß unsere Kreuzerflotte noch viel zu klein ist, um in ernster Zeit die Interessen des deutschen Handels wirksam schützen zu können.

Je mehr der Handel eines Volkes sich entwickelt, desto mehr bedarf er auch eines wirksameren Staatsschutzes im Inlande wie im Auslande. Daß ein kleiner Staat wie Hamburg mitten zwischen viel mächtigeren Nachbarstaaten Jahrhunderte lang ohne solchen Schutz Handel treiben und sich dabei, wenn auch langsam, so doch im ganzen stetig entwickeln konnte, ist eine Erscheinung, die Zeugnis ablegt von der geschickten Leitung des Hamburger Gemeinwesens in diesen Jahrhunderten, die aber nur ermöglicht wurde durch die Eifersucht der Nachbarn, welche allesamt Hamburg brauchten, und von denen keiner dem anderen den fetten Bissen gönnte; es ist eine wohl ziemlich einzig dastehende Erscheinung.

Ebenso wurden die p r i v a t r e c h t l i c h e n B e z i e h u n g e n d e r K a u f l e u t e u n t e r e i n a n d e r lange Zeit hindurch von diesen ganz autonom geregelt, zuerst nur durch Gewohnheit und Tradition, dann durch Nieder-schrift von Korporationsstatuten, zu denen auch die Rechts-satzungen der mittelalterlichen Städte gehörten. Erst seit dem 17. Jahrhundert ist das Handelsrecht allmählich Staatsrecht geworden. Zwar verharren noch jetzt überall einzelne Teile davon (z. B. in Deutschland das Recht der Checks und Warrants) in dem früheren Zustande, aber alle gewohnheitsrechtlichen Normen haben des Bestreben, sich in solche des staatlichen Rechtes zu verwandeln, weil dieses ein weit höheres Maß von Sicherheit und Stetig-keit gewährleistet. Andererseits besitzt es freilich nicht die wünschenswerte Beweglichkeit, wird leicht formalistisch und zweckwidrig; doch versucht man, diesem Mangel nicht ohne Erfolg durch Beteiligung von Kaufleuten bei der Rechtsprechung abzuhelfen. Auch die Handelsge-richte waren ursprünglich reine Standes- und Korpo-rationsgerichte, die der Staat nach Ausbildung eines berufsmäßigen, rechtsgelehrten Richterstandes verstaat-lichte oder auch ganz neu einführte, aber dabei den Be-rufsrichtern ein mehr oder weniger starkes Uebergewicht verlieh. Da deren Vorbildung ihnen indes noch nicht das erforderliche Verständnis für den „Zweck im Rechte" beibringt, kann das kaufmännische Element hier noch nicht entbehrt worden.

Eine ähnliche Entwickelung bemerkten wir im Geld- und Kreditwesen. Die Verstaatlichung des Geldes ist schon sehr alt; aber Jahrtausende dauerte es, bis der Staat das Geld lediglich als Verkehrsinstrument zu be-handeln lernte; inzwischen war es der Handel, der gegen-über dem fiskalischen Mißbrauche des Geldes dieses im Verkehrsinteresse weiterbildete, bis der Staat schließlich Schritt für Schritt alle Verbesserungen im Zahlungsprozesse sich zu eigen machte. Auch die Kreditvermittelung ist teilweise verstaatlicht worden, wobei der gleiche Kampf zwischen Verkehr und Fiskalismus stattgefunden und der Handel die Interessen des ersteren schließlich zum Siege geführt hat. Unsere heutigen staatlichen Zentralbanken bilden aber sicherlich noch nicht das Ende dieser Entwickelung.

Ebenso ist es mit dem Transport- und Nachrichtenwesen gegangen, mit dem Bau und der Verbesserung von Land- und Wasserwegen, mit dem Boten- und Postwesen.

Auch die Konsuln waren ursprünglich Vertreter, welche die kaufmännischen Korporationen, dann auch die Städte zur Wahrung ihrer Handelsinteressen im Auslande unterhielten; jetzt sind es Staatsbeamte.

Die Erledigung dieser und noch mancher anderer gemeinsamer Angelegenheiten des Handels ist früher oder später dem Staate übertragen worden, der dann freilich stets lange Zeit gebraucht hat, um ihre zweckmäßige Regelung zu erlernen, was aber die Entwickelung nur verlangsamen, nicht dauernd aufhalten konnte.

Doch der Staat hat, wie wir wissen, nicht nur gegenüber dem Handel, sondern auch gegenüber den anderen Produktivständen viele Aufgaben zu erfüllen. Wie nun, wenn deren Interessen denen des Handels zuwiderlaufen? Wie ferner, wenn innerhalb des Handels Interessengegensätze entstehen, und ein Teil die Hilfe des Staates anruft? Soll dieser sie gewähren oder verweigern, und wenn er sie gewährt, wie weit darf er dann eingreifen, wie weit die Interessen der einen Partei zurückdrängen?

Wenn man einmal gelernt hat, jene neuzeitliche deutsche Auffassung von den Pflichten des Staates als ein notwendiges Erzeugnis des deutschen Volkscharakters zu begreifen, so wird man auch dem Staate die Pflicht, bei derartigen Interessenkonflikten einzugreifen, nicht ab= nehmen können; aber unter allen Umständen wird der Staat solche Eingriffe nur mit großer Vorsicht bewirken dürfen. Wir wollen uns dies wieder an einigen besonders wichtigen und gerade naheliegenden Beispielen klar zu machen suchen.

Der Handel hat, wie uns bekannt ist, das natur= gemäße Bestreben, die Staatsgrenzen zu überschreiten und sich auch im Inlande möglichst frei zu bewegen; er strebt nach möglichst scharfer Konkurrenz, nach möglichst vollkommener Marktbildung. Dagegen haften Urproduk= tion und Industrie an der Scholle; ihre Existenzfähigkeit hängt ab von den Lebensbedingungen, die sie in dem Lande und an dem Orte ihrer Niederlassung vorfinden; sie müssen ferner fixe Kapitalien in ihrem Betriebe auf die Dauer festlegen, was sie nicht riskiren können ohne Aussicht auf dauernde Existenzfähigkeit. Deshalb müssen sie nach Absperrung überlegener ausländischer Konkurrenz streben und haben auch im Inlande kein Interesse an Steigerung, sondern eher an Minderung der Konkurrenz.

Was soll nun der Staat thun, wenn die Industrie ihm sagt: „ich bedarf eines Schutzes gegen das Ausland, um mich entwickeln zu können", wenn die Landwirtschaft ihm sagt: „ich bedarf eines Schutzes, um nicht zu ver= fallen", wenn dagegen der Handel sagt: „ich bedarf zu meinem Gedeihen der freien Bewegung"?

Auf diese Frage hat gerade vor einem Jahrhundert (1797) Johann Georg Busch, der erste und wohl auch bedeutendste Hamburger Nationalökonom in seinem „Ver= such einer Geschichte der Hamburgischen Handlung" fol= gende Antwort erteilt:

„Ich wähle diesen Ort für eine allgemeine Anmer=

„kung, die ich meinen Mitbürgern wohl gesprächsweise,
„aber nie öffentlich gemacht habe. Der Zwischenhandel
„befindet sich sehr wohl bei der Freiheit des Handels in
„allen Staaten, die noch keine Handlungspolitik kennen.
„Er leidet allemal einen großen Stoß, wenn diese Hand=
„lungspolitik darauf verfällt, die Einfuhr einzuschränken
„und insonderheit viele Kunstprodukte anderer Nationen
„zu verbieten ... Sind aber diese Verbote mit rechter
„staatswirtschaftlicher Ueberlegung beschlossen, und haben
„sie dann die Folge, daß die innere Cirkulation belebt
„wird, und der den ausländischen Handel einschränkende
„Staat an Bevölkerung und innerem Wohlstand gewinnt,
„so erfährt der Zwischenhandel auch bald davon die gün=
„stigsten Folgen.... Jetzt nur eine kurze Anwendung auf
„die preußischen Staaten! Im vorigen Jahrhundert schrieb
„in den Zeiten des für den Wohlstand seiner Staaten so
„gut sorgenden Großen Kurfürsten ein von dem Borne
„ein Büchlein: Ueber den gegenwärtigen betrübten und
„kümmerlichen Zustand der ChurMark Brandenburg (Helm=
„städt 1681). Damals war aller Handel für Hamburg mit
„der Mark frei und blieb es noch ganz bis in die Zeiten
„König Friedrich Wilhelms I. Dieser König fing mit ein=
„zelnen Handlungsverboten an, Friedrich II. aber ließ fast
„nichts unverboten. Dies war ein harter Stoß für alle
„Staaten, deren Manufakturen bis dahin ungehindert in
„die preußischen gegangen waren, die nun auch alle auf=
„hörten, ein Gegenstand des hamburgischen Zwischen=
„handels zu sein. Aber wer wird glauben, daß der ge=
„samte Zwischenhandel Hamburgs mit eben diesen Staaten
„nicht jetzt bei weitem größer als ehemals geworden ist,
„da Hamburg denselben auch mit so vielen Exporten treiben
„kann, und daß es thöricht sein würde, die Mark Branden=

„burg in ihren ehemaligen betrübten und kümmerlichen
„Zustand zurück zu wünschen!"

Dieser Ausspruch eines begeisterten Vorkämpfers für
Hamburgs Handelsgröße besagt, daß der Staat oft gezwun=
gen ist, das augenblickliche Interesse des Handels hinter
dem dauernden Interesse des ganzen Volkes zurücktreten
zu lassen, welches letztere ja auch das dauernde Gedeihen
des Handels einschließt. Daher wird der Staat oft hohe
Schutzzölle auflegen müssen, um die Industrie zu er=
ziehen oder um einen Verfall der Landwirtschaft abzu=
wenden. Dagegen ist eine solche vorübergehende Schä=
digung des Handels nicht zu rechtfertigen, wenn kein
dauerndes Interesse der Gesamtheit in Frage kommt,
oder wenn gar die Lebensinteressen des Handels zu Gun=
sten vorübergehender oder vielleicht sogar nur eingebil=
deter Interessen der anderen Produktionsarten benach=
teiligt werden sollen.

Ein Fall letzterer Art liegt z. B. vor bei dem kürzlich
erlassenen deutschen Verbote des Getreidetermin=
handels. Dieser Handel hat die Wirkung, den deutschen
Getreidemarkt zu kräftigen. Das Verbot des Getreide=
terminhandels will also die innerste Entwickelung des
Handels, die Vervollkommnung der Marktbildung, auf
einen längst überwundenen Zustand zurückschrauben, weil
ein Teil der Landwirtschaft irrtümlicherweise glaubt, daß
dies seinem Interesse entspricht. Eine Politik, welche die
Getreidezölle herabsetzt, dagegen den Getreideterminhandel
verbietet, wird als eine weise nicht erachtet werden können.

Der Staat kann sich nicht grundsätzlich von Be=
schränkungen des freien Verkehrs fernhalten. Denn der
wirtschaftliche Konkurrenzkampf neigt, wie der Daseins=
kampf in der Natur, zur Vernichtung des Konkur=
renten. Die Natur hat dem Menschen das wirtschaftliche

Selbstinteresse eingepflanzt, damit er existiren kann; doch auch die Gesamtheit muß existiren; deshalb bedarf jener Trieb zunächst der Beschränkung durch den Gemeinsinn, und da dieser dem kräftigeren Selbstinteresse gegenüber oft zu schwach ist, muß der Staat ihm häufig mit Zwang und Strafen zu Hilfe kommen. Aber Zwang und Strafe sind und bleiben notwendige Uebel, die bei unvorsichtiger Anwendung weit mehr schaden als nützen.

Wenn der Staat die Aufgaben, welche ihm gegenüber der Volkswirtschaft obliegen, derart lösen soll, daß das Volk Nutzen und keinen Schaden davon hat, so muß er vor allem selbst fähig sein, solche Aufgaben zu bewältigen. Dies hängt wieder von drei Voraussetzungen ab: Die Staatsgewalt muß den Willen dazu haben, sie muß das nötige Maß von Unparteilichkeit und sie muß endlich möglichst sachverständige Organe besitzen.

Den ersteren beiden Forderungen entspricht der deutsche Staat der Gegenwart in völlig ausreichendem Maße, ja, es hat kaum je eine Staatsgewalt gegeben, welche derart von dem Bewußtsein ihrer hohen Pflichten durchdrungen war. Dagegen fehlt es ihr bisher noch allzusehr an sachverständigen Organen zur Lösung gerade der hier in Frage stehenden Aufgaben.

Die Hebung des Verkehres, so wollen wir einmal in Kürze die Gesamtheit dieser Aufgaben bezeichnen, bedarf einer unausgesetzt auf den Zweck gerichteten Thätigkeit der damit betrauten Beamten des Staates. Diese Beamten genießen aber in Deutschland zum weitaus größten Teile eine Vorbildung, die es ihnen zur obersten Pflicht macht, nach dem Grundsatze „fiat justitia, pereat mundus" zu handeln, also nach einem Grundsatze, der dem Zwecke ihrer Thätigkeit schnurstracks zuwiderläuft.

Ehrenberg, Der Handel.   7

Die fast ausschließlich juristische Vorbildung der Staats-
beamten ist in der That die denkbar ungünstigste für ihre
Aufgabe, den Verkehr zu heben, die Volkswirtschaft zu
fördern. Sie verleitet den Beamten zu einer prinzipiell
gleichen d. h. schablonenmäßigen Behandlung des Verkehres, während gerade umgekehrt eine den thatsächlichen
Verhältnissen entsprechende, also ungleiche Behandlung
nötig ist; sie verleitet ferner den Beamten, eine Staatsleistung nur dann eintreten zu lassen, wenn sofort eine
Gegenleistung gewährt wird, während es sich umgekehrt
darum handelt, zunächst die Staatsleistung vorzunehmen,
ohne Rücksicht auf Gegenleistung oder doch nur in der
Hoffnung auf spätere Gegenleistung; sie verleitet den Beamten, sich mit einer glatten, formellen Erledigung vieler
Angelegenheiten zu begnügen, die einer gründlichen, sach-
lichen Erledigung bedürfen; sie verleitet den Beamten,
volkswirtschaftliche Pflichten des Staates als einseitige
Rechte und zwar nur als gewinnbringende Finanzregale
zu behandeln; eine derartige Auffassung war es z. B.
auch, welche den fiskalischen Mißbrauch der Münzhoheit
ermöglicht hat.

Gerade die Beamten, welche es mit ihren Rechts-
studien ernsthaft genommen haben, müssen zunächst ihre
ganze Denkweise von Grund aus ändern, wenn sie gute
Volkswirtschafts-Politik und -Verwaltung treiben wollen.
Selbst die gut veranlagten Beamten — und deren giebt
es, Gott sei Dank, in Deutschland eine große Zahl —
können mit diesem Umlernen erst nach Jahren fertig
werden, weniger begabte niemals; und mit diesem Pro-
zesse wird die kostbare Zeit der Empfänglichkeit vergeudet,
die dem Beamten nötig ist, um sich eine positive
Sachkunde auf dem Gebiete seiner Thätigkeit zu verschaffen.

Um gute Volkswirtschafts-Politik und -Verwaltung treiben zu können, bedarf der Beamte zunächst einer größeren A ch t u n g vor der Bedeutung des wirtschaftlichen Schaffens, als er in Deutschland jetzt meist besitzt; er bedarf ferner des ernsten Willens und der inneren B e s ch e i d e n h e i t, die ihm sagen müssen, daß er von der Praxis des wirtschaftlichen Lebens noch gar nichts versteht, daß er sie erst erlernen muß; endlich aber bedarf er vor allem eindringender Kenntnis jener zahllosen Einzelheiten, welche das wirtschaftliche Leben einer Nation ausmachen; natürlich kann auch hier nur durch die Ausbildung von Specialisten etwas Tüchtiges geschaffen werden; doch können diese sich nur bilden auf der Basis einer g r ü n d l i ch e n allgemeinen nationalökonomischen, staatsrechtlichen, verwaltungswissenschaftlichen Ausbildung.

Solange eine solche Ausbildung noch nicht gegeben ist, kann der Staat die ihm gegenüber der Volkswirtschaft obliegenden Aufgaben unmöglich befriedigend lösen. Nur e i n Mittel giebt es, um inzwischen die Staatsmaschinerie auf diesem Gebiete in Gang zu erhalten; es heißt: M i t - a r b e i t der sachkundigen Urproduzenten, Gewerbtreibenden und Kaufleute. Ganz wird der Staat sie niemals entbehren können: die Anhörung der großen wirtschaftlichen Verbände, der Handels-, Gewerbe- und Landwirtschaftskammern und ähnlichen Beratungs-, wie Vertretungskörperschaften, die Entsendung von Interessenten in die allgemeine Volksvertretung — alle diese Mittel werden bis zu einem gewissen Grade dauernd nötig bleiben, um den Staat in den Stand zu setzen, seine Pflichten gegenüber der Volkswirtschaft zu erfüllen. Bei der jetzigen Sachlage vollends giebt es überhaupt kein anderes Mittel: die Gesamtheit ist auf die intensive Mitarbeit der wirtschaftlich unmittelbar produktiven Berufsarten schlechthin angewiesen.

7*

Hier in Hamburg besteht eine Organisation des Gemeinwesens, welche es dem Handelsstande ermöglicht und zur Pflicht macht, die staatliche Förderung des Handels selbst zu leiten; inwieweit dies bei einem größeren Staatswesen mit weniger einheitlichen Interessen noch möglich ist, muß einstweilen eine offene Frage bleiben; jedenfalls bedarf es in einem größeren Staatswesen um so mehr jener beratenden und vertretenden Thätigkeit.

Um in solcher Weise die Gesamtheit und das eigene Wohl zu fördern, müssen unsere Kaufleute, Industriellen und Landwirte zunächst selbst ein volles Verständnis für die Aufgaben des Staates, müssen sie dasjenige Maß von Staatsgesinnung erwerben, welches die historische Entwickelung unseres Vaterlandes erfordert.

Dies gilt hier vor allem vom Handelsstande. Die Zukunft des deutschen Handels und somit auch der ganzen deutschen Volkswirtschaft hängt gegenwärtig in hohem Grade von zwei Faktoren ab: von einer Besserung des wirtschaftlichen Verständnisses unserer Beamten und von einer Kräftigung der Staatsgesinnung unserer Kaufleute.

Frommannsche Buchdruckerei (Hermann Pohle) in Jena. — 1633